슬기로운
피해자생활

정수경

박영사

머리말
피해자분들에게

　범죄피해를 당하신 피해자분들에게 심심한 위로의 말씀을 전합니다. 이런 안 좋은 일을 겪고, 이런 안 좋은 일을 겪게 한 가해자가 존재한다는 그 사실이 자칫 피해자를 무기력하고 우울하게 만들기 쉽습니다. '나는 왜 이런 일을 당하나'라는 생각이 들 때도 있을 것입니다.

　그러나 저는 피해자분들이 어떤 마음의 에너지를 가지시기 바랍니다. 복수심이든 분노든, 자기 보호이든 사랑이든 그 어떤 이름이라도 좋습니다.

　이제 피해의 그 자리에서 일어나서서 가해자를 처벌하기 위해 힘을 내셔야 합니다. 그리고 가해자와 범죄사실을 직면하고 일상을 회복하기 위해 일어나야 합니다.

　직접 가해자를 찾아가 폭력을 행사하거나 SNS상 명예훼손을 하라는 말이 아닙니다. '내가 너 따위에게 지지 않겠다!', '내가 이 사건

따위에 무릎 꿇지 않겠다!', '가해자인 너 보란 듯이 나는 평화롭고 행복하게 살겠다'라는 결단과 다짐이 필요합니다. 오기라도 좋습니다.

아이러니하게도 우리는 고통 속에서 내가 나의 삶에서 진정으로 원하는 것이 무엇인지를 진지하게 고민합니다.

피해자가 후회를 할 수도 있습니다. 그럴 수도 있습니다. 정신을 잃을 정도로 술을 마셨다든가, 직장 선배나 학교 동기를 너무 쉽게 믿고 호텔방을 들어갔거나, 낯선 남자의 차에 타는 순진함이 있었을 수도 있습니다. 클럽에서 모르는 사람이 건넨 칵테일을 받아 마셨을 수도 있습니다. 그러나 형사사건에서 가해자는 가해자이고 피해자는 피해자입니다. 회색지대는 없습니다. 자신을 괴롭히지 마시고 가해자를 정당한 방법으로 괴롭히시라고 말하고 싶습니다. 자책하고 후회하고 자신을 미워하는 것은 그만해주세요.

자기를 향한 비난을 멈추시고 어려운 일을 겪고 버티고 있는 자기 자신을 잘 감싸고 위로해주세요.

사건이 발생한 이후 위험한 행동의 반복은 멈춰주세요. 지나친 음주, 채팅 앱을 통한 무분별한 만남, 특정 사진이나 동영상의 전송, 클럽에서의 원나잇 등등은 그만두는 것이 안전합니다.

피해자 여러분 과거를 딛고 평안한 일상인이 되는 당신을 응원합니다.

정수경 변호사

차 례

I. 안내

V. 증 거

VI. 거 짓 말

VII. 피해자의 질문들

VIII. 피해자 보호와 지원

슬기로운 피해자생활

IX. 가해자들에게

X. 합 의

XIV. 드디어 재판이 시작됩니다

XV. 피해자가 증언할 때

XVI. 이런 사건 저런 사건

XVII. 이런 말, 저런 말

XVIII. 피해자분들에게

XIX. 피해자와 피해자 변호사의 관계

I

안내

I
안 내

1. 피해자 여러분

안녕하세요. 정수경 변호사입니다. 저는 2012년부터 성폭력 피해자를 위한 국선변호사로 일을 해왔습니다. 10여 년 동안 성폭력 피해자를 위한 국선변호사로 활동해 오면서 성폭력 피해자를 위한 제대로 된 안내서가 필요하다고 생각해왔습니다. 10년 동안의 경험을 이 책에 담았습니다. 다만, 저는 이론가가 아닌 실무가로 체험에 의존하여 글을 썼습니다. 제 경험의 한계와 편견과 부족도 존재합니다. 너그러운 마음으로 읽어주시기 바랍니다.

대부분 피해자들은 범죄 피해를 떠올리는 것 자체를 괴로워합니다. 또 수사와 재판 과정에서 막연한 두려움을 가지고, 법률에 대한 무지함으로 피해자 자신을 괴롭히는 일도 있습니다. 성폭력 신고를 했다는 이유만으로 가해자와 그 가족들, 주변 지인들이 피해자를 비난하고 꽃뱀으로 공격하는 장면도 목격했습니다. 아동을 대상으로 한 성폭력 사건, 친족 간의 성폭력 사건을 마주할 때는 살이 떨릴 정도로 끔찍하고 분노가 치밀었습니다.

정작 피해자들은 수사와 재판 과정에 대한 지식과 정보가 없고 자신의 억울함을 호소할 방법에 대해 잘 모르고 있습니다. 저는 성폭력의 수사와 재판 과정에 대한 오해와 억측을 없애고 인터넷을 떠돌아다니는 수많은 카더라 통신에 피해자들이 현혹되거나 두려워하지 않도록 피해자들을 위한 쉽고 실질적인 지침서를 써야겠다고 생각했습니다.

적어도 법의 문제에서는 아는 것이 힘입니다. 이 책이 성폭력 범죄의 피해자 여러분들에게 힘과 위로와 용기가 되기를 기도합니다.

2. 안녕하세요. 정수경 변호사입니다.

"안녕하세요. 정수경 변호사입니다. 성폭력 사건의 피해자를 위한 국선변호사입니다. 편하실 때 연락 주세요."

이 말은 제가 처음 피해자에게 문자메시지를 보낼 때 쓰는 말이자, 국선변호사로서의 저의 첫인사입니다.

여러 사건을 하다 보면 피해자에게 연락하는 것이 늦어질 때도 있고, 피해자가 먼저 국선변호사의 연락처를 파악하고 전화하기도 합니다. 피해자와의 연락은 변호사 사무실 전화번호를 이용할 때도 있지만 저의 경우 개인 핸드폰 번호을 이용합니다. 피해자와 좀 더 신속하고 쉽게 연락할 수도 있고 문자 연락이 효율적인 경우가 많기 때문입니다.

다만 핸드폰 연락에서는 기본적인 점을 지켜주셔야 합니다. 성폭력 피해자라 하더라도 긴급한 상황이 아닌데 새벽에 연락을 하시거나 공휴일에 연락을 하시는 것은 매우 곤란합니다.

3. 피해자 변호사와 연락하세요

피해자 변호사와 연락이 잘 안 된다고 답답해하시는 피해자분들도 많이 있습니다. 일단 변호사가 법정에 들어가 있거나 경찰서 조사 참여 중인 경우 피해자분의 연락을 받기가 어렵습니다. 이럴 때는 문자메시지나 카카오톡, 이메일 등으로 궁금한 사항을 물어보시거나 언제 연락을 달라는 메시지를 남겨두시면 좋습니다. 피해자의 변호사가 연락 가능한 상황이 될 때 잊지 않고 피해자에게 연락하기가 좋기 때문입니다.

피해자가 성년인 경우 기본적으로는 피해자가 변호사와 연락을 하시는 것이 원칙입니다. 피해자의 아버지, 어머니, 삼촌, 이모들이 전부 한 번씩 변호사에게 연락을 하시면 변호사는 힘이 듭니다. 또한 피해자의 가족분이 변호사와 연락을 하고 싶으실 때는, 피해자 본인이 먼저 변호사에게 "가족 누가 연락을 하고 싶어 한다, 이름과 연락처는 무엇이다"라고 말씀을 해주셔야 안전한 상담이 됩니다. 유선으로 상담하는 경우 상대방이 진짜 피해자의 가족이 맞는지를 변호사는 확인할 수 없기 때문입니다. 또한 피해자의 가족이 변호사와 상담을 원하실 때는 한 분으로 지정해서 상담을 해주시기 바랍니다.

피해자가 장애인이거나 미성년자인 경우 변호사는 피해자의 부모님과 주로 소통을 하게 됩니다. 이 경우도 상담을 하는 가족을 한 명으로 정해서 연락을 하는 경우가 많습니다. 합의 등 중요한 문제가 발생하면 피해자의 아버지, 어머니와 모두 연락해서 상담을 하기도 합니다.

4. 피해자와의 첫 만남

대부분의 성폭력 사건에서 피해자와의 첫 대면은 경찰서나 해바라기센터에서의 피해자 조사 전에 이루어집니다. 피해자분이 미리 저의 사무실로 오셔서 상담을 받고 피해자 조사를 받으시는 것이 원칙이지만 이렇게 적극적인 피해자분이 많지는 않습니다.

보통 국선변호사는 피해자 조사 일정 전에 피해자를 미리 만나 간단히 피해사실을 듣고 피해자의 질문이나 걱정이 되는 부분에 대해서 대답을 하고, 사건의 일반적인 진행절차와 조사받을 때의 주의점에 대해 말합니다.

많은 피해자분들이 경찰서에 가는 것을 상당히 부담스럽다고, 검찰청은 말할 나위 없고 법정에 갈 때도 스트레스를 받는다고 호소하십니다. 피해자가 죄를 지은 것도 아닌데 말이죠. 그러나 "괜찮습니다", "괜찮습니다", "진짜 괜찮아요!! 거짓말만 안 하시면 됩니다"가 변호사의 대답입니다.

슬기로운 피해자생활

5. 피해자 국선변호사는 어떻게 정해지나요?

성폭력 피해자 국선변호사는 검사가 선정합니다. 각 검찰청은 성폭력 범죄의 피해자를 돕기 위한 국선변호사 명단을 가지고 있어요. 검찰청에서는 국선변호사의 사무실에 선정서를 팩스로 보내줍니다. 피해자 조사일정이 이미 정해진 경우 각 검찰청의 피해자 지원과에서 변호사에게 조사참여가 가능한지 미리 전화로 확인하고 선정서를 보내는 경우도 있습니다.

피해자 국선변호사의 명단은 검찰청의 피해자 국선변호사 교육과정을 이수한 변호사들로 채워집니다. 국선변호사 선정서에는 피해자가 한 신고 내용, 피해자의 연락처 등 간단한 신상이 적혀 있습니다.

피해자가 경찰에 성폭력 사건을 신고하거나 고소장을 제출하면 수사기관에서는 피해자에게 국선변호사의 지원 여부를 묻고 피해자의 뜻에 따라 국선변호사가 선정됩니다. 간혹 피해자분들 중 경찰에서 국선변호사 제도에 대한 설명을 듣지 못했다고 말합니다. 어떤 경찰은 피해자 국선변호사가 아예 필요 없다고 말하기도 합니다. 피해자를 위한 지원 안내서를 교부하지만 피해자가 잘 읽지 않고 확인하지 않을 수도 있습니다. 피해자 지원제도를 경찰에서 설명하고 피해자의 서명까지 받고 있어 이런 경우는 많지 않겠지만 그래도 혹시 어떤 경위로 국선변호사 지원 제도에 대해 설명을 듣지 못하셨다면 경찰에 이야기 해주세요. "피해자를 위한 국선변호사가 있다는데 도움을 받을 수 있나요"라고요. 자기 권리는 자기가 찾으셔야 합니다.

6. 피해자 국선변호사는요

그럼 성폭력 피해자 국선변호사는 성폭력 사건만을 다루는가요? 이것은 아닙니다. 성폭력 피해자만 돕는 전담 국선변호사도 존재하지만 숫자가 많지 않고 이분들은 법률구조공단 소속입니다. 몇 년 전만 해도 서울에 11명의 성폭력 피해자 전담변호사가 있었고 지방에는 그 숫자가 적었습니다. 이들을 제외한 나머지 국선변호사들은 전부 따로 사무실을 가진 비전담 피해자 국선변호사들로 사선 사건도 하면서 국선 사건으로 성폭력 피해자를 돕고 있고 저도 그러합니다.

종일 성폭력 사건만 집중하다 보면 쓰러질 것 같고 정신적 스트레스를 많이 받기 때문에 저는 성폭력 사건을 검토하다가 좀 힘들면 다른 사건, 이혼사건이나 민사사건 재판을 준비합니다. 그리고 다시 여유를 되찾고 성폭력 사건을 검토하지요. 그래서 저는 오랜 기간 성폭력 사건의 피해자 국선변호사 활동을 지치지 않고 해올 수 있었던 것 같습니다. 성폭력 사건은 당사자뿐 아니라, 담당 수사관과 법관, 검사, 변호사에게도 정신적 스트레스를 많이 준답니다. 비전담 국선변호사도 전문성에서 결코 뒤지지 않고, 가사와 민사사건과 관련된 상담도 풍부하게 할 수 있는 장점도 있습니다.

7. 검찰청 말고 피해자를 돕는 단체

성폭력 피해자를 돕는 변호사는 검찰청 말고도 다른 단체를 통해서도 지원됩니다. 여성가족부는 여성의 전화, 지역 성폭력 상담소,

한국성폭력위기센터, 대한법률구조재단 등을 통해서 피해자에게 소송구조의 형태로 피해자 변호사를 선정해줍니다. 성폭력 사건의 소송구조 결정은 비교적 신속하게 이루어지기 때문에 편안하게 이용하시면 됩니다.

소송구조 활동을 하는 변호사들은 검찰청의 피해자 국선변호사와 겹치는 경우가 많고, 성폭력 사건의 경험 있는 변호사들이 계속 이 일을 하기 때문에, 선정기관에 따른 피해자 변호사의 질의 차이는 무시하셔도 좋습니다.

8. 사선변호사를 선임할 수도 있어요

요즘에는 피해자가 자신의 비용을 들여 변호사를 선임하여 사건을 진행하기도 합니다. 아무래도 충분한 시간을 들여 피해자를 상담하고 법적 지원을 해주리라는 기대 때문인 것 같습니다. 어떤 식으로 변호사의 도움을 받으실지는 편하게 결정하셔도 좋습니다.

많은 국선변호사가 피해자를 돕고 있으나 여러 가지 이유로 이런 지원과 조력이 미약하다고 느끼시는 피해자들도 있고, 지방의 경우는 국선변호사 활동이 취약하다는 말도 있습니다. 더욱이 성폭력사건의 피의자나 피고인은 유명 로펌의 변호사들을 대거 선임해서 대응하는 경우가 많고, 성폭력 사건의 형이 상당히 중한데, 피해자들도 좀 더 변호사의 도움을 잘 받고 싶어 하는 것은 당연합니다. 그래서 최근 피해자들이 사선변호사의 도움을 받는 경우도 늘어나고 있습니다.

사선변호사를 선임하실 때는 변호사의 경력을 잘 살펴보시기 바랍니다. 성폭력 범죄는 2012년 이후 급속한 제도 변경이 있었는데 변경된 법제도와 수사, 재판절차를 모르고 개입하는 변호사들도 있었습니다. 변호사가 경험이 부족하면 피해자에게 손해를 입힐 수도 있으니 신뢰할 만한 실력 있는 변호사를 찾으시기 바랍니다.

9. 피해자에게 변호사가 필요한가요?

"예 필요합니다."

범죄 피해까지 당하고 돈까지 들여가면서 변호사를 선임해야 하나 자괴감이 들 수도 있습니다. 맞는 말입니다. 그러나 사기 범죄도 내가 돈을 잃고도 변호사를 선임해서 형사고소와 민사소송까지 진행을 하니 범죄 피해자도 법률비용이 든답니다.

수사과정, 형사재판 과정을 법률 문외한인 일반인이 혼자 헤쳐 나가는 것은 쉽지 않은 일입니다. 그래서 저는 국선변호사든 사선 변호사든 전문가의 법률조력을 받으시라고 권합니다.

저는 경찰서를 자주 방문합니다. 검찰과 법원도 마찬가지죠. 하루에 몇 번씩 갈 때도 있습니다. 이 장소는 변호사에게는 아무런 감흥이 없는 일터일 뿐입니다. 그러나 일반인들은 다릅니다. 피해자는 자신이 억울한 일을 당해 경찰서를 가는 데도 떨린다고 말을 합니다. 수사기관의 공기는 무겁고 공간 자체가 어색하고, 자기도 모르게 위축되고 무섭다고 합니다.

경찰서든 검찰청이든 법원이든 "저 이런 데 처음 와봐요"라고 말하는 피해자들이 많습니다. 이때 자신의 편을 들어주는 변호사가 있다면 아무래도 심리적으로 든든하실 겁니다. 저는 이것도 변호사의 중요한 역할이라고 생각합니다. 화장실이 어디고, 물 마시는 곳은 어디고 등등 사소한 것에서부터, 사건 내용이나 절차에 대한 중요한 설명도 들을 수 있습니다. 성폭력 피해자의 대다수가 여성들이고, 피해자 변호사들도 여성들이 많아 이것저것 수다를 떨면서 긴장을 풀 수도 있습니다.

성폭력 사건의 진행상황, 소요되는 시간, 예상되는 처벌의 정도를 듣는 것도 도움이 됩니다. 피해자가 수사기관에서 어떠한 질문이 받게 되는지, 경찰이 왜, 판사가 왜 이런 질문을 하는지 알게 되면 아무래도 편하고 자신있게 답변할 수 있습니다. 경찰이 사건에 맞는 적절한 질문을 하는 것인지, 아니면 부적절하게 피해자인 나를 의심하고 편파적인 질문을 하는 것인지의 대한 판단도 쉽게 할 수 있습니다. 불필요한 오해를 줄일 수 있습니다. 피해자가 가진 증거가 중요한 증거인지 아닌지, 피해자에게 유리한 증거인지 아닌지에 대해서도 알 수 있습니다.

피해자가 경찰과 의논하여 피해자 조사 일정을 잡고, 경찰을 방문하고, 피해자 조사를 받는 것 자체는 성가신 일입니다. 시간도 내야 하고, 일정도 조정해야 하고 낯선 사람들에게 자신의 피해를 구구절절 설명해야 하니까요. 국선변호사가 피해자 조사에 참여할 경우에는 변호사의 일정도 고려해야 하니 더 귀찮을 수 있습니다. 그래서 "변호사 없이 혼자 조사 받겠어요"라고 말하는 분도 있습니다.

그러나 가급적 변호사의 지원을 받으시길 권합니다. 변호사의 참여가 없다고 수사기관에서 피해자를 거칠게 대하거나 압박하는 경우는 거의 없습니다.

그러나 경험 있는 변호사가 피해자의 편에서 조언을 해주면 도움이 되지 않을까요? 피해자분들이 막연한 부담감과 두려움에서 벗어날 수 있지 않을까요?

경찰분이 꼬치꼬치 피해자에게 질문을 하면 피해자는 담당 수사관을 오해할 수도 있습니다. '이런 질문을 왜 나한테 해', '지금 나를 의심하는 거야?', '가해자 편 아니야?', 심지어는 '가해자에게 돈 받은 거 아니야?'라는 생각도 듭니다. 그러나 국선변호사가 성폭력 사건에서 통상적으로 이런 질문이 나온다고 미리 설명해준다면 피해자는 안심하고 조사를 받을 수 있습니다. 혹 수사관이 부적절한 질문을 한다면 당연히 변호사가 막아 줄 수도 있고요.

10. 국선변호사 선정서에는 뭐가 있나요?

검찰청에서 국선변호사에게 팩스로 보내주는 선정서에는 피해자의 정보(핸드폰 번호, 이름, 주소)와 간략한 신고내용이 들어있습니다. 선정서에 작성된 사건 개요는 피해자가 사건 신고 시에 말한 내용 그대로 써놓은 것이라서 부정확한 경우도 많이 있습니다. 피해자분들은 국선변호사가 사건의 모든 내용을 파악하고 있다고 생각하시는데 사실은 그렇지 않습니다. 수사 중인 사건은 피해자 쪽이든 피의자 쪽이든 자신이 경찰에 제출한 서류와 증거 이상의 내용을 파악하기 어렵고, 피해자의 국선변호사도 마찬가지입니다.

슬기로운 피해자생활

다만 최근에 피의자는 수사기관의 허가를 받아 피해자가 제출한 고소장을 볼 수 있습니다.

피해자 국선변호사도 피해자와 연락을 한 그 시점부터 사건을 알게 됩니다. 답답해하지 마시고 사건에 대하여 잘 알려주시기 바랍니다. 변호사가 알게 되는 정보의 양만큼 질 좋은 법률서비스를 받게 되실 겁니다.

11. 피해자의 정보

요즘에는 피해자의 연락처가 없는 선정서를 받기도 합니다. 국선변호사 입장에서는 상당히 당황스러운데요, 피해자가 자신의 연락처를 공개를 거부하는 경우입니다. 피해자가 국선변호사의 도움을 받고 싶은데 피해자의 연락처를 안 가르쳐 주시면 국선변호사는 피해자에게 연락할 수 없습니다. 피해자의 연락처를 담당 수사관, 피해자의 국선변호사에게는 공개해주시기 바랍니다. 선정서에 피해자의 연락처가 없으면 국선변호사가 경찰에 검찰에 법원에 전화를 하여 피해자의 연락처를 확보해야 하는데 이 과정에서 시간이 많이 걸리기도 합니다.

국선변호사는 피해자의 본명을 모를 때도 있습니다. 피해자가 경찰 신고 시부터 가명으로 절차 진행을 원하는 경우 선정서에는 피해자의 가명만 쓰여 있거든요. 피해자 국선변호사는 선정서의 정보밖에 모르기 때문에 피해자의 본명을 모르고 법률 조력을 하는 경우도 있습니다.

피해자가 주소를 공개하지 않으면 국선변호사는 피해자의 주소도 모릅니다. 국선변호사는 피해자와 핸드폰으로만 연락하는 경우도 많습니다.

12. 피해자의 연락처는 매우 중요합니다.

국선변호사뿐 아니라 경찰, 검찰, 법원도 피해자에게 연락할 때 거의 피해자의 핸드폰 번호로 연락을 합니다. 피해자와 연락이 안되고 피해자가 수사나 재판에 협조하지 않아도, 수사기관과 법원에서 알아서 진실에 맞는 결과를 내면 좋겠지만, 사실은 정반대입니다. 무혐의로 수사가 끝나거나 무죄로 재판이 끝날 가능성이 큽니다.

피해자조사를 해야 하는데 피해자와 연락이 안 되어 조사 일정도 잡지 못한다거나, 추가로 피해자에게 확인할 것이 생겼는데 피해자와 연락이 안 된다거나, 진단서 등 증거가 필요한데 피해자와 연락할 방법이 없으면 아무래도 경찰의 수사 의지가 꺾이게 됩니다.

수사기관과 연락이 안될 때 사건에서 불이익을 받는 것은, 피의자도 마찬가지입니다. 피의자들은 경찰 연락을 피하다가 구속까지 됩니다. 물론 피해자는 범죄자는 아니므로 연락이 안 된다고 구속되지는 않겠지만, 다만 사건이 제대로 처리되지 않을 가능성이 큽니다.

피해자도 모르게 재판까지 진행되는 경우도 꽤 있답니다. 피해자를 증인 신문해야 하는데 피해자와 연락이 안되면 피해자 관련 증거인 고소장, 진술서, 진술조서를 판사가 볼 수 없고 증거부족으로 피고인이 자유의 몸이 될 가능성이 커집니다.

슬기로운 피해자생활

피해자와 연락이 안되면 국선변호사는 관련 기관에 "피해자가 연락이 안되니 연락처를 다시 파악하시고 알려달라"라고 요청합니다. 피해자의 새로운 연락처가 오기도 하지만 여전히 연락이 안 되는 경우도 있습니다.

피해자가 연락이 안되어 결국 사건이 무죄판결이나 무혐의 처분으로 종결되기도 합니다. 이런 결과가 나왔다고 실재 가해자가 죄를 안 지었다는 뜻은 아닙니다. 그러나 가해자를 처벌하기 위해서는 피해자의 열심까지는 아니더라도 협조는 반드시 필요합니다.

피해자의 입장에서는 내가 범죄피해까지 입고 수사기관이나 법원에 나가야 하느냐고 억울해하시는 분들도 있고 맞는 말입니다. 그러나 나에게 해를 입힌 그 사람에게 법의 심판을 받기 위해서 이 정도의 수고는 필수적이랍니다. 피해자가 입을 떼지 않고도 알아서 움직이는 수사기관이나 법원은 존재하지 않습니다.

13. 연락처가 변경되면 꼭 알려주세요

피해자들 중 경찰 신고 이후 핸드폰 번호를 변경하신 경우도 있고, 가해자가 자신의 핸드폰 번호를 알고 있는 것이 부담스러워 번호를 변경하는 피해자도 많습니다. 이때에는 꼭 경찰이나 국선변호사에게 변경된 핸드폰 번호를 알려주셔야 합니다. 피해자와 연락이 안되면 수사절차가 잘 진행되기 어렵습니다. 가해자는 이렇게 주장하는데 피해자는 어떤지를 수사기관은 확인하고 싶어합니다. 이때 수사과정에서 물어봐야 하는데 피해자와 연락이 안되면 그 불이익은 피해자가 받게 됩니다. 수사는 결국 가해자의 주장만 받아들여 무혐로 끝날 수도 있습니다.

범죄 피해를 당한 것도 억울한데 수사 결과가 진실과 다르게 나온다면 이건 또 다른 차원의 억울함입니다. 피해자의 변경된 연락처, 꼭 알려주세요.

II

신　고

II

II

신   고

1. 신고할까요? 고소할까요?

성폭력 사건은 112로 신고하세요. "언제, 어디서, 누가, 어떤 일을 했는지"에 대해 간단히 말하면 됩니다. 고소장을 경찰에 제출할 수도 있습니다. 요즘 각 경찰서에서는 지나치게 많은 고소장이 경찰에 제출되는 것을 막으려고 합니다. 정확한 증거가 없다면서 고소장을 반려(되돌려주기)하는 경우도 있습니다. 피해자가 경찰에 직접 가서 고소장을 제출하려고 하는데 민원실에서 이런저런 이유를 대면서 받지 않으면 피해자도, 변호사도 정말 짜증이 납니다.

수사기관은 사건이 접수되면 수사를 해서 증거를 확보해야 하고 이것이 그들의 업무인데, 고소장을 제출하려는 피해자를 막고 가까스로 용기를 낸 피해자의 의지를 확 꺾어버리면 속 터집니다. 이럴 때는 고소장을 그냥 등기로 보내버리세요.

고소장을 접수하는 것과 경찰 신고하는 것이 뭐가 다를까요? 별 차이는 없습니다.

고소장을 제출하면 피해자는 고소인의 신분이 됩니다. 고소인과 고발인은 검사의 불기소 처분에 대하여 항고할 수 있습니다. 일종의 이의제기이나 단순 경찰 신고한 사람은 원칙적으로 헌법재판소에 헌법소원을 제기하는 방식으로 이의를 합니다. 그러나 요즘 단순신고자의 항고도 받아주기도 해서 실무는 혼동이 있는 것 같습니다.

성폭력 피해자의 허위고소사실이 밝혀져 무고죄로 조사받는 경우 단순신고자보다는 고소장을 제출한 사람이 처벌될 가능성이 크다고 생각합니다.

2. 눈 떠 보니 모텔이다. 젠장

눈을 떠 보니 모텔이다. 내 옷은 다 벗겨있고 무슨 일이 있었음이 틀림없다. 어렴풋이 벽에 머리를 부딪친 기억이 난다. 어제 저녁 X와 단둘이 술자리를 갖다가 그 후로는 기억이 없다. 단편적으로 옷을 벗고 성관계를 한 듯한 기억이 난다. 이 상황에서 피해자인 당신이 가장 걱정하는 것은 무엇이겠습니까? 20년 전만 하더라도 '아, 임신하면 어떡하냐'였는데, 그러나 요즘은 아닙니다. '아, 촬영된 거 아니야'가 걱정 1순위입니다.

성폭력을 당한 건지 아닌지 잘 모르겠는 경우도 있습니다. 남자는 "어제 아무 일이 없었다"라고 말하고 "옷은 네가 덥다고 마구 벗었잖아"라고 이야기합니다. 당신은 어떻게 하겠습니까? 저의 조언은 "그냥

슬기로운 피해자생활

경찰에 신고하시라"입니다. 성관계가 있었는지 없었는지 모르지만 신고하면 됩니다. "술을 먹고 정신을 잃었는데 아침에 일어나니 나체 상태로 모텔이에요. 제가 성폭행을 당했는지 아닌지는 잘 모르겠어요. 그래도 확인해야 할 것 같아요. 어서 와주세요"라고 경찰에 말하세요. "핸드폰 촬영이 있었을 수도 있으니까 핸드폰도 검사해주세요"라는 말도 해주세요. 절대 무고죄가 되지 않습니다.

유전자 검사를 해보면 당신 친구인 그 X의 말이 맞을 수도 있습니다. "검출된 dna가 없습니다"라고 결과가 나오면 일단 "아, 네 말이 맞는구나. 그럼 오해해서 미안하다" 한 마디 하시면 됩니다. 물론 성관계가 있어도 유전자 검출이 안 되는 경우도 있을 수 있습니다.

그런데 신고를 안 하면 시간이 지나갑니다. 남성의 정자는 며칠이 지나면 소멸하고 이후에는 검출이 잘 되지 않습니다. 목욕을 하면 피해자 몸에 묻었을지도 모르는 가해자의 타액을 조사할 수 없게 됩니다. CCTV는 삭제됩니다. CCTV는 보관기간이 정해진 경우가 많아 보통 일주일이면 없어지기도 합니다. 적어도 한두 달이 지나 CCTV 동영상을 보관하고 있는 모텔, 편의점, 술집은 거의 없습니다.

시간이 지나갑니다. 찜찜하고 찜찜합니다. 시간이 지나면 증거는 없어지고 가해자는 만세를 부릅니다. 어떤 가해자는 피해자에게 신중하게 신고하라고 조언하면서 시간을 끌기도 했습니다. 증거가 사라지기를 기다린 것입니다.

시간이 지나면 가해자의 핸드폰에는 무엇이 저장되었다가 삭제되었는지 알 수도 없게 됩니다. 현장에서 바로 가해자의 핸드폰을 보지 않으면 촬영 여부나 유포 여부를 어떻게 알 수 있겠습니까? 가해자가 동영상과 사진을 삭제했다 하더라도 현장에서 핸드폰을 압수해서 포렌식을 하면 뭔가가 나올 수도 있는데, 사건 현장을 벗어난 가해자가 핸드폰을 버리거나 숨기면 이 부분은 조사조차 할 수 없게 됩니다. 사실상 당신이 범죄를 당했는지 확인할 수 있는 시간이 그냥 지나가는 것입니다. 조금 미안해도 확인하시고 넘어가는 것이 좋습니다. 무섭다면 핸드폰을 들고 화장실로 가 문을 잠그세요. 그리고 신고하세요.

"눈 떠보니 모텔이다. 젠장, 경찰에 신고해야겠다!"

3. "신고하자", "그냥 신고하자", "현장에서 신고하자"

지하철이다. 누가 내 엉덩이를 만진다, 손이 스쳤다, 아, 실수인가? 실수겠지. 아, 그런데 이번에는 엉덩이를 움켜쥔다. 아 이 XX, 어떻게 할까.

신고하자. 그냥 신고하자. 여러 가지 복잡한 생각도 들고, 짜증도 나고, 시간도 없지만, 그리고 신고하면 귀찮은 일이 생길 거 같지만 "그냥 신고하자." 이것이 변호사의 조언입니다. 신고하고 후회하는 사람 못 봤습니다. 신고를 안 하고 또는 신고를 늦게 하고 후회하는 경우는 많이 보았습니다.

자신이 무슨 일을 당한 것이 확실하다고 생각될 때는 물론 무슨 일이 생긴 것 같은 의심이 든 때에도 신속하게 신고하는 것이 유리합니다. 우선 증거 확보에 유리하고, 수사기관의 믿음을 얻기도 쉽습니다.

슬기로운 피해자생활

현장에서 바로 신고하면 CCTV가 당신을 도와줍니다. CCTV 동영상이 삭제될 시간이 없기 때문입니다. 당신의 핸드폰이 당신을 도와줍니다. 가해자와의 카톡, 문자 등이 고스란히 저장되어 있기 때문입니다. 당신이 어떻게 가해자를 만나게 되었는지 전후 사정이 고스란히 나와 있으니까요 가해자조차 당신을 도와줍니다. 현장에서 잡힌 가해자는 경찰차로 당신과 따로 분리되어 경찰서로 향하지요. 가해자를 찾지 못해 미제사건으로 처리되는 경우도 많은데 가해자의 신병확보가 이렇게 쉽다니, 정말 잘 풀리는 사건입니다. 가해자의 핸드폰이 당신을 도와줍니다. 현장에서 확보한 따끈따끈한 가해자의 핸드폰은 사건에 대한 증거로 바로 사용됩니다.

군더더기가 없습니다. 지하철에서, 모텔에서, 길거리에서, 화장실에서, 집에서, 그냥 신고하세요. 고민은 그다음에 해도 됩니다. 사건이 일사천리로 진행됩니다. 모텔에서 바로 경찰에 전화해서 '저를 도와달라'라고 말하는 피해자를, 돕지 않을 경찰은 없습니다. 다만 너무 술에 취하여 진술이 힘든 경우는 진술 날짜만 연기하면 됩니다. "그러니 그냥 신고하세요!"

적어도 성폭력 수사에서 시간이 흘러가는 것은 피해자의 편은 아닙니다. 그러나 사건 발생 후 시간이 지났다고 신고를 쉽게 포기하시면 안 됩니다. 수년이 지나 신고해도 처벌되는 사건도 많으니까요.

4. 저 너무 늦게 신고했나요?

사건이 일어난 현장에서 빠르고 신속하게 경찰의 도움을 구하는 것은 수사나 재판 과정에서 상당히 도움이 됩니다. 도움이 된다는 뜻은 경찰이 수사하기에 편하고, 검사가 사건을 검토해서 기소하기에 편하고, 판사가 재판해서 판결하기에 편하다는 말입니다. 물론 범죄에 대한 관련자들이 일처리가 하기 편하면 피해자 입장에서도 사건이 무난하게 풀리는 것이니 나쁘지 않겠지요. 그렇다고 사건이 발생하고 오랜 시간 고민하다가 경찰 신고하면 안 되는 것일까요? 당연히 됩니다. 범죄의 피해자는, 공소시효에 걸리지 않는 한, 언제든지 어느 시점에서든지, 범행 시간으로부터 상당히 긴 시간이 지났다고 하더라도 경찰에 신고할 권리가 있습니다. 이것이 원칙입니다.

그래서 사건이 발생한 지 오래되었다는 이유로 경찰 신고를 포기할 필요는 없습니다. 다만 이 경우 피해자의 진술 이외의 증거의 확보가 관건이고, 카카오톡이나 녹취파일 등 객관적인 증거자료가 부족하면 무혐의 처분이 나올 확률도 높아질 수는 있습니다.

미성년자 시절 독서실에서 성년 남자에게 강제추행을 당한 여성이 있었습니다. 몇 년이 지나 피해자는 SNS를 통해 가해자가 멀쩡히 사회생활을 하는 것을 알게 되었습니다. 이분은 가해자에게 연락해서 사과를 받았고 이 사건을 경찰에 신고했습니다. 이 사건은 미성년자 강제추행으로 결국 유죄로 판결이 났습니다.

피해자는 사건 발생 당시 수험생이었고, 사건 발생 장소가 보수적인 곳이라서 차마 신고하지 못했다고 합니다. 가족들이나 주변 사람

슬기로운 피해자생활

들이 오히려 비난을 할 거라고 생각했다고 하더군요. 피해자는 가해자의 사과 메시지를 추가증거로 제출했습니다.

5. 전봇대를 잘 보세요

길거리 전봇대 중 버튼만 누르면 위치정보알림과 범죄신고까지 이루어지는 곳도 있습니다. 이런 장치가 내가 사는 집 근처, 직장 근처에 있다면 아무래도 든든하지요. 늦은 밤 다녀도 마음이 편할 겁니다. 이런 장치가 어디에 있는지 미리 알고 있는 것도 범죄예방을 위해서는 중요합니다. 학부모들은 아이들의 등하굣길, 등하원길에 이런 전봇대가 어디에 있는지를 파악하고 자녀에게 미리 알려주는 것이 좋습니다. 학교에서 이 정보를 확인하고 학부모와 아이들에게 안내하는 것도 좋은 방법입니다.

6. 성폭력 사건 신고는 순수해야 한다.

신고가 순수해야 한다니 이것이 무슨 의미일까요?

당신이 길을 지나다가 10년 전 당신의 돈을 떼먹고 연락이 두절된 사람을 만났습니다. 당신이 그 남자에게 다가가 삿대질을 하면서 따졌고 그자는 당신을 밀었습니다. 피해자는 가해자의 손이 피해자의 가슴에 닿았다고 주장했습니다.

사건 현장의 CCTV가 나왔고 피해자가 가해자에게 달려들어 삿대질하는 장면이 찍혀 있었습니다. 그런데 이후의 결정적인 장면은 나오지 않았습니다. 두 사람이 싸우면서 사각지대로 이동했기 때문입니다. 가해자는 자신은 피해자의 가슴을 만진 적이 없다고 주장했습니다.

이 사건은 무혐의 처분이 나왔는데 이유는 가해자에게 적극적으로 먼저 다가간 것이 피해자였고, 가해자의 입장에서는 이런 상황에서 성적인 만족을 위해 피해자의 가슴을 만졌을 가능성이 낮고, 설사 만졌다 하더라고 이는 추행이 아닌 방어행위 차원이었을 가능성이 높다는 것이 그 이유였습니다.

만약 피해자와 가해자가 서로 모르는 사이였고 길에서 우연히 마주친 상황이라면 결과가 어땠을까요? 두 사람이 CCTV 사각지대로 이동한 것이 참 얄궂지만 채권자와 채무자라는 특수한 다른 사정이 개입해 성폭력 사건은 뒤로 밀려나 버리게 되었습니다. 피해자도 성추행에 의한 성적 수치심을 말하기보다, 가해자 때문에 자신이 10년 동안 얼마나 고통스러웠는지에 대한 진술을 많이 하였습니다.

그래서 성폭력의 신고는 순수하게 성적인 수치심을 준 행동에 대해 이루어져야 합니다. 객관적인 다른 증거가 있을 때는 아무 문제 없지만 오직 피해자의 진술만이 유일한 증거인 경우 다른 사정의 개입은 사건처리를 방해합니다.

예를 들어볼까요? 직장동료 2명이 차를 타고 출장길에 올랐습니다. A는 B가 자신의 가슴을 만졌다며 경찰신고를 했습니다. 출장길 차 안에서 발생한 일입니다.

이때 만약 A와 B가 둘 다 승진 대상이고 승진심사가 코앞이었다고 생각해봅시다. 출장 전에 A는 다른 직장 동료에게 "이번 승진에서

B는 탈락하게 될 것이다", "다 길이 있다"고 카카오톡을 보냈습니다. A는 원래 출장 담당이 아닌 B에게 부탁하고 또 부탁해서 동행하게 되었다고 합시다. 이 차는 A의 차였고 A는 블랙박스를 꺼두었습니다. 당신이 담당 수사관이면 이 사건을 어떻게 보겠습니까? 당신이 판사라면, 검사라면 A의 진술을 어느 정도 믿을 수 있겠습니까?

이처럼 성폭력 사건의 신고 목적에 성폭력 피해 자체가 아닌, 돈이나 승진, 조직 내의 정치적인 문제 등등이 개입된 경우라면 피해자의 주장의 신빙성은 떨어질 수 있습니다. 성폭력 범죄는 가해자의 행동이 피해자에게 성적인 수치심을 주는 성적인 문제입니다. 그런데 이와 별개인 경제적 피해, 억울한 소문에 따른 피해, 승진 누락의 문제는 엄격하게는 성폭력과 관련이 없습니다.

성폭력 사건에서는 일반 다른 범죄사건보다 피해자를 두텁게 보호하기 때문에 이를 악용하는 사람들도 존재합니다. 돈을 받기 위해, 폭력을 무마하기 위해, 나에게 싹수없는 행동을 한 상대방에 대하여 앙갚음하기 위해 성폭력이라고 신고를 하는 경우도 있습니다. 무고죄로 처벌받을 수도 있는 매우 위험한 행동입니다.

그래서 성폭력 사건의 신고 목적은 순수해야 합니다. 피해자는 성적으로 정서적, 신체적으로 고통을 입은 것에 대한 정당한 처벌을 요구하는 것에 집중해야 한다. 피해자의 진술도 성폭력 피해에 집중되어야 합니다. 주변 정황에 대하여 말하는 것이 필요한 것은 물론이지만, 피해자의 진술에서 가장 중요한 것은 성폭력 피해 자체입니다.

III

경찰 조사 과정

III

경찰 조사 과정

1. 경찰 조사는 어떻게 진행되나요?

경찰 조사는 처음 피해자의 신고나 고소장 접수에서 시작합니다. 사건의 담당 부서와 담당 경찰이 정해지고 담당 수사관은 먼저 피해자를 불러 피해자 조사를 합니다. 언제 어디서 누구에게 어떤 피해를 입었는지, 증거가 무엇인지를 파악합니다. 그 뒤에 피고소인을 조사를 합니다. 피해자 조사를 마치기까지 가해자는 자신이 신고가 되었는지 고소가 되었는지 모르는 경우도 많습니다.

다만 가해자 조사를 피해자 조사보다 먼저 또는 동시에 하는 경우도 있는데, 범죄 현장에서 피해자가 바로 신고를 한 경우입니다. 경찰은 가해자를 현행범으로 체포하고, 피해자와 가해자를 각각 분리 조사합니다. 이때는 피의자가 누구인지 주소와 연락처는 무엇인지 파악하기가 쉬워서 아무래도 수사 속도가 빨라집니다. 지하철 승강장 안에서 어떤 사람이 나를 한 번 끌어안았습니다. 이 가해자는 역 밖으로 나가버렸는데, 피해자가 가해자의 옷과 키, 외모 등을 기억하고 있더라도 경찰이 가해자를 찾을 때는 시간이 걸립니다. 지하철 CCTV로 가해자를 특정하고, 가해자가 개찰구를 빠져나간 시간에 찍힌 신용카드 등 정보를 파악하고, 그 뒤 카드사를 통해 카드 주인의 인적사항을 파악하게 됩니다. 딱 들어도 시간이 좀 걸리겠지요.

그러나 만약 피해자나 주변 사람이 가해자를 붙들고 있다가 경찰이 도착해서 가해자를 잡게 되면 수사의 속도가 빨라지게 됩니다.

경찰은 증거조사를 합니다. 목격자 조사, CCTV 확보, 유전자 검사, 핸드폰이나 컴퓨터의 포렌식 조사, 거짓말탐지기 조사 등등. 이런 과정을 거쳐 수사관은 이 사건을 어떻게 처리할지를 결정하게 됩니다.

정리하면 성폭력사건도 그렇고 일반적인 다른 형사사건도 그렇고 경찰 조사에는 순서가 있습니다. 처음에는 신고자, 고소인을 불러 조사하고 피해자가 어떤 피해를 당했는지에 알아봅니다. 피해자 조사 일정은 담당 수사관, 피해자, 피해자 변호사의 일정을 조율하여 정하게 됩니다. 피해자 조사 날짜와 시간은 수사관의 양해가 있으면 변경도 가능합니다. 피해자 조사는 보통 진술조서의 형태로 남게 됩니다.

이후에는 수사기관은 가해자를 불러 조사합니다. 가해자의 말을 듣고 범행을 인정하는지, 부인하는지 가해자가 부인한다면 자신의 말을 입증할 어떤 증거가 있는지를 확인합니다. 다른 형사범죄의 경우 피해자와 가해자의 말이 다르면 두 사람을 같이 불러 대질조사도

슬기로운 피해자생활

하는데 성폭력 사건에서는 잘 이용되지 않습니다. 가해자가 자신의 말을 증명할 꽤 신빙성 있는 증거들을 경찰에 제출하면 경찰은 피해자는 또 불러 조사하기도 하지만 자주 있는 경우는 아닙니다.

경찰에서 조사가 충분하고, 여러 증거들을 다 확보하고 피의자의 혐의가 있다고 인정하면 사건을 검찰청으로 넘기는데 이것을 송치라고 합니다. 피해자로서는 경찰이 송치 결정을 하면 아무래도 일단 안심이 됩니다. 그러나 이것이 절대적인 결론은 아니므로 최종 검찰에서의 판단도 두고 보아야 합니다.

경찰에서 피의자에게 혐의가 없다고 판단한 경우 불송치 결정을 하고 피해자는 이에 이의를 할 수 있습니다. 피의자를 찾을 수 없거나 피해자와 연락이 안되어 조사가 불가능할 때 경찰 자체적으로 사건을 종결하기도 하는데 내사종결이라고 합니다.

2. 담당 수사관을 아십니까?

피해자는 담당 수사관님의 이름, 전화번호, 소속팀을 알고 있는 것이 좋습니다. 예를 들어 "△△경찰서 여성청소년과 수사 4팀 ○○○ 수사관님, 전화번호, 핸드폰 번호" 이런 식입니다.

경찰의 경우 격일로 근무하는 경우가 많아 피해자든 국선변호사든 담당 수사관과의 전화연결이 안 되는 날도 있습니다. 이럴 때는 전화받으신 수사관에게 메모를 남기는 것도 방법입니다. 보통 같은 팀 수사관이 전화를 받기 때문에 메모 전달은 잘되고 있습니다. 또 담당 수사관의 근무일시를 물어봤다가 근무일에 다시 전화하는 것도 방법입니다.

피해자를 조사하는 수사관이 자기 사건의 담당 수사관이 아닌 경우도 많습니다. 성폭력 피해자를 조사하는 경찰은 여성 경찰분들이 하는 경우가 많고 사건 담당 수사관은 따로 있는 경우도 있기 때문입니다. 기억할 것은 피해자 조사를 담당한 수사관이 아닌, 사건의 담당 수사관입니다.

3. 국선변호사에게도 연락 주세요

국선변호사가 선정된 경우, 담당 경찰에 전화를 하여 국선변호사의 연락처를 받아 먼저 연락을 하시는 것도 좋습니다. 국선변호사는 개입하고 있는 사건 수가 많기 때문에 피해자에게 신속하게 연락하지 못하는 경우도 있습니다. 막연히 기다리지 마시고 연락을 주세요! 국선변호사들이 자신의 핸드폰 번호를 공개하는 경우에는 피해자와 국선변호사의 연락은 크게 어렵지 않고, 통화가 안되면 문자메시지를 남기시면 됩니다. 아주 늦은 밤이 아니라면 문자로 연락을 주시면 좋습니다. 국선변호사가 피해자가 무엇을 걱정하고 있는지 파악하기 쉽고 시간이 지나서 기억을 떠올리기도 좋고, 콜 백을 하기도 좋아요. 피해자는 문자메시지로 질문, 걱정 등등을 국선변호사에게 남기시면 됩니다.

국선변호사에게 연락하는 것이 괜히 부담스럽다고 하시는 분도 있지만, 국가가 범죄 피해자를 위해 지원해주는 특별한 제도이니 알차게 이용하시기 바랍니다.

슬기로운 피해자생활

4. 피해자의 경찰 조사 전에 변호사 상담이 필요한가요?

예! 필요합니다.

피해자는 우선 변호사를 만나 자신의 피해사실을 말합니다. 이 과정에서 변호사는 법적으로 피해사실로 인정받을 수 있는 것과 피해사실로 인정받기 어려운 것에 대해 조언을 해줄 수 있습니다. 변호사는 피해자에게 피해자 진술 시에 중요한 부분, 예상되는 수사관의 질문, 이런 질문을 하는 목적이나 의도를 설명하고 피해자가 좀 더 편안하게 조사를 받을 수 있도록 돕습니다.

그러나 변호사의 이 조언을 피해자가 너무 의식하고 경찰 조사를 받게 되면 오히려 변호사의 상담이 독이 되기도 한답니다. 피해자가 이미 한번, 자신의 진술을 전문가에게 평가를 받았기 때문에 경찰 앞에서 진술을 할 때 평가나 판단을 의식하면서 진술을 하게 되는 거지요. 이렇게 되면 피해자의 진술이 부자연스러워지고, 수사관은 피해자가 어떤 다른 의도를 가지고 진술을 한다는 인상을 받을 수도 있습니다.

편하게 진술하시라고 수차례 말해도 이미 어느 정도 긴장을 한 피해자의 입은 잘 풀리지 않기도 합니다.

피해자는 일단 마음을 좀 비워야 합니다. 있었던 사실을 말하되 이것이 피해자인 자신에게 유리할지 불리할지 생각하지 말아야 합니다. 수사관이 이 사건을, 피해자인 자신을 좀 잘 봐주었으면 하는 바람도 좀 내려놓아 주세요. 피해자의 진술이 앞으로 어떤 평가를 받고 사건 조사에 어떤 영향을 끼칠지 생각은 나중으로 미뤄주세요.

소심하고, 주변의 인정을 받고 싶은 피해자일수록 더 국선변호사나 수사관의 눈치를 보면서 말을 합니다. 그러나 그럴 필요는 없답니다. 죄가 되는 것은 되는 것이고 죄가 안 되는 것은 안 되는 것입니다.

이렇게 말하면 좀 더 유리하지 않을까? 이렇게 말하면 수사관이 나를 이상한 사람으로 보지 않을까? 이렇게 말해야 가해자가 처벌받겠지? 피해자의 뇌가 우후죽순으로 이런 생각을 하면 피해자의 진술을 어색해집니다. 이런 상황은 피해자에게 유리하지 않습니다.

5. 경찰은 누구 편인가요

성폭력 사건에서 경찰은 누구의 편인가요? 피해자인 당신의 편인가요?

경찰이 당연히 피해자 편을 들어야 하는 것 아니냐고 반문하시는 피해자분들도 있습니다. 어떤 질문을 듣고는 "대체 저 수사관은 누구 편이냐? 가해자 편이냐"라고 항의하시는 분도 있습니다. 엄밀하게 수사관은 그 누구의 편도 아닙니다. 자기 할 일을 하는 사람일 뿐이지요. 어떤 사람의 죄와 형벌을 정하는 형사법에는 무죄추정의 원칙이 있습니다. 그래서 경찰은 자신이 조사하는 피의자의 입장에서도 사건 조사를 하고, 당연히 피해자의 입장에서도 사건을 조사합니다.

그래서 경찰은 피해자 당신의 편도 아니고 가해자의 편도 아닌 엄격하게 말하면 중립적입니다. 그래서 피해자 조사 때 "가해자는 ㅇㅇㅇ라고 말하는데 어떤가요"라는 질문을 많이 합니다. 그러나 이것이 경찰이 피의자의 말을 믿고 피해자를 의심한다는 뜻은 아닙니다. 이모저모, 이쪽저쪽으로 모두 질문을 하는 것이지요. 아마 이 경찰

슬기로운 피해자생활

은 피의자에게도 "피해자는 ㅇㅇㅇㅇ라고 말하는데 어떤가요?"라는 질문을 할 것입니다.

6. 경찰을 우리 편으로! 피해자의 편으로!

그러나 수사과정에서 이 경찰을 당신의 편으로, 피해자의 편으로 만들 수도 있습니다. 뇌물을 준다는 뜻이 아닙니다. 예의를 지키고 정직하게 진술을 하면 됩니다.

피해자는 심리적으로 불안정하고 예민한 경우도 많기 때문에, 어색한 환경에서, 경찰이 자신에게 꼬치꼬치 캐묻는 것에 화가 나기도 하고 수치스럽기도 합니다.

그럼에도 불구하고 수사관이 이 사건을 잘 이해하도록 설명하고, 기본적인 예의를 지키면서 정직하게 말해야 합니다.

내가 성폭력까지 당해 미칠 거 같은데 당신네들의 기분까지 고려해야 하느냐고 말하시는 분들도 있을 것입니다. 그러나, ~그래도, 피해자는 결국 누군가의 도움을 받을 수밖에 없고, 피해자가 만나는 수사관, 검사, 판사 또 변호사들이 전문가로서 피해자를 가장 잘 도울 수가 있습니다.

그래서 좀 더 부드러운 방식의 설득과 설명이 필요합니다. 수사관과 변호사를, 피해자를 귀찮게 하고 의심하는 사람이 아닌, 피해자인 나를 돕고 가해자를 처벌하기 위해 능력을 발휘하는 사람들로 대해주시면 좋겠습니다. 현장에 없는 사람들이 피해자의 말을 못 알아들을 때도 있을 것입니다. 옆에 있는 국선변호사를 세워 현장을 재현하든지, 그림을 그리든지 다양한 방법으로 설명해주세요. 범죄 피해 상황을 가장 잘 파악하고 이해하고 있는 것은 피해자인 당신이니까요.

같은 질문을 여러 번 물을 때도 있습니다. 답답하시겠지만 다시한 번 잘 설명해주세요. 피해자가 진짜 피해자임을 알아가면서 수사관들도, 검사도, 판사도, 변호사도, 진심으로 피해자를 더 돕고 싶어하고 실력을 더 발휘하고 싶어합니다.

아주 가끔 피해자가 사건의 스트레스와 가해자에 대한 적개심을 국선변호사나 경찰, 검찰, 법원에 화로 표출하기도 합니다. 이해하지 못할 바는 아니지만, 이 사람들이 가해자는 아닙니다. 이들을 당신의 적으로 돌릴 필요는 없습니다.

수사도 재판도 사람이 하는 것이다 보니 인지상정이라는 것이 있습니다. 어느 경찰, 검사가 판사가 그리고 변호사가 진심으로 '이 피해자를 돕고 싶다'라고 결심할 때 사건의 판도가 바뀌기도 합니다.

한 사람이라도 정말 당신의 억울함을 믿고 당신을 꼭 돕겠다고 결심만 해도 이 사건 전체의 향방이 바뀔 수도 있습니다. 부디 기본적인 예의를 갖춰주시고 지나치게 감정적으로 대하지 말아주세요.

피해자는 담당 수사관, 판사에 대해 기피신청할 수 있고 국선변호사에 대해서도 교체신청을 할 수 있습니다. 이런 문제는 다른 사람들의 조언을 받아 객관적으로 상황을 판단해서 신중히 하셔야 합니다.

슬기로운 피해자생활

IV

경찰에서의 피해자 조사

IV

경찰에서의 피해자 조사

1. 피해자의 진술은 중요합니다.

성폭력 사건뿐 아니라 모든 범죄에서 피해자의 진술은 중요합니다. 왜 중요할까요? 답은 간단합니다. 사건 현장에 경찰이 없었기 때문입니다. 검사나 판사가 없었기 때문입니다. 이들은 사건을 모릅니다. 심지어 사건 현장 CCTV가 있는 경우에도 피해자의 설명은 필수입니다. 그래서 피해자가 중요하고 피해자의 진술이 중요합니다. 자신이 겪은 일을 가장 잘 자세히 설명할 수 있는 사람이기 때문입니다.

물론 사건 현장에 있었던 가해자도 진술할 수 있습니다. 그러나 피의자가 자백하는 경우나 피해자가 겪은 사실을 피의자가 정확하게 진술하는 경우가 과연 얼마나 있을까요? 그래서 피해자의 진술이 대체 불가한 중요한 증거입니다.

피해자가 자신이 피해를 입었다고 수사기관에서 말을 하는 것이 정식 수사의 시작입니다. 피해자가 수사기관과 연락이 안 되는 경우, 피해자가 사망한 경우, 우리나라에 없는 경우는 경찰 수사가 진행되기 어렵습니다.

피해자가 어린아이라도 피해사실에 대해 진술이 필요하고 적어도 1번은 필요합니다. 어떤 아이 피해자는 어른보다 더 조리 있게 피해사실에 대하여 말을 해서 깜짝 놀라기도 합니다. 물론 피해사실을 처음 보는 사람들 앞에서 말하는 것은 고통스러운 일이고, 성적인 수치심을 가지고 말을 하는 것은 더욱 그러할 것입니다. 하지만 환부를 의사에게 드러내지 않고 어떻게 치료를 바랄 수 있겠습니까? 피해자를 돕기 위해, 변호사도 수사관도 경청할 준비를 하고 있습니다. 조금만 용기를 내주세요.

다행스럽게 최근 성폭력 범죄는, 피해자 조사가 1회 정도만 이루어집니다. 몇 번씩 피해자를 불러 조사하는 관행은 많이 없어졌습니다. 가급적 1회에 모든 피해자 조사를 마치려다 보니 피해자의 진술이 더 중요하고 이 한 번의 조사가 더 깐깐해졌습니다.

피해자의 진술은 중요합니다. 특히 다른 객관적인 증거인 CCTV가 존재하지 않는 경우 피해자의 진술이 유일한 증거가 되기도 합니다. 그래서 담당 수사관님, 검사님, 판사님은 죽어라 피해자의 진술 하나하나를 뜯어서 살펴봅니다. 그렇다고 또 부담을 느끼지는 않으셔도 됩니다. 오로지 기억나는 대로만 말한다는 원칙만 기억해주세요.

2. 그래서 더더욱 자살은 안 됩니다.

범죄의 피해가 너무 극악한 경우 피해자가 극단적인 선택을 하는 경우도 있고, 유서를 쓰고 ○○○를 처벌해달라는 경우도 있습니다. 그러나 이런 경우 그 가해자로 지목된 사람이 처벌받기는 쉽지 않습니다. 증거가 없기 때문입니다. 가장 중요한 증거인 피해자의 진술도 없고, 다른 증거도 없고, 피해자의 유서만으로 가해자를 처벌하기는 보통의 경우 쉽지 않습니다.

이것보다 더 억울한 일이 있을까요. 힘들지만 살아서 가해자를 지목하고 피해사실을 말해주셔야 합니다. 왜 피해자가 더 고통당하고 가해자는 뻔뻔하게 처벌도 받지 않고 살아가는지요. 이건 아니 될 말입니다.

살아서 말해야 합니다. 나의 피해에 대해 제대로 알리고, 처벌해 달라고 요구할 수 있는 가장 적임자는 바로 피해자 자신이기 때문입니다. 남겨진 가족들을 믿을 수는 없습니다. 가족들은 이미 피해자와 비슷한 강도로 스트레스를 받아 수사를 냉철하게 이어 나가는 것이 쉽지 않고 고통스럽습니다. 가해자로부터 서둘러 합의금을 받고 사건 진행을 그만 멈추기 원하는 유족들도 많습니다. 피해자의 변호사 입장에서 이것이 피해자가 진정 생전에 원하던 일일까 의심이 됩니다. 죽은 자는 말이 없습니다. 법이 죽은 사람을 보호하는 경우는 없습니다. 특히 사람의 죄를 처벌하는 형사재판에서요! 꼭 살아서 말을 해주세요. 아니, 솔직히 사건을 진행하든 안 하든 상관없습니다. 피해자 자신이 살아 있는 것보다 중요한 것은 없습니다. 가해자에게 지지 말고, 두려움에 지지 말고, 힘을 내어 주시기를 기도하는 마음입니다.

3. 피해자 조사를 받는 우리의 목표는 무엇입니까?

피해자가 진술을 할 때 "내가 수사관의 뇌에 이 사건 현장을 그려주겠 노라"고 목표를 이렇게 세우면 도움이 됩니다.

피해자는 사건 현장에서 무슨 일이 있었는지를 가장 잘 알고 있 고 가장 잘 설명할 수 있습니다. 피해자 조사의 목표는 수사관의 머 릿속에 사건 현장이 그려지게 하는 것입니다.

가해자가 오른손으로 나의 목을 잡고 벽으로 밀쳤고, 가해자의 왼 손으로는 나의 오른쪽 허벅지와 무릎을 위아래로 쓸어가면서 만졌 다. 이런 식으로 가해자의 행동 하나하나가 수사관의 머릿속에 그려 지도록 말해야 합니다. 만졌다는 표현만으로는 그림이 그려지기 어 렵습니다. 손가락을 움직여 조물거릴 수도 있고, 쓰다듬을 수도 있 고, 피해자의 살을 누를 수도 있습니다. 동그랗게 원을 그리면서 쓰 다듬을 수도 있습니다. 만진다는 표현을 머리에 그림을 그리려면 무 수한 다른 표현이 뒤따라와야 합니다.

행동을 직접 보여주는 것도 방법입니다. 피해자가 가해자가 한 행 동을 똑같이 흉내 내보는 것입니다. "손을 이렇게 했어요"라고 말하면 서 피해자가 행동을 보여주면 수사관이 "아, 피의자가 왼손을 피해자의 오른쪽 엉덩이 아랫부분(허벅지와 연결된 부분을)에 대고 조물조물 만졌다는 건가요?"라고 구체적으로 묻고 피해자가 "예"라고 대답하는 방식입니다. 그러나 구체적인 진술이 피해자의 입에서 나오는 것이 가장 좋습니다.

사건이 발생했던 장소를 설명할 때는 그림을 그리는 것도 좋습니다. A4 종이에 사건 현장을 그리는 것입니다. 문은 어디고, 소파는 어디고, 침대는 어디고, 창문은 어디고, 피해자는 어떻게 누워있었고, 가해자는 어떻게 누워있었고, 피해자의 머리는 이쪽이고, 다리는 저쪽이고 등등 종이에 그리면서 설명하면 듣는 사람의 이해가 빨라집니다.

침대 머리 부분인지 발치쯤인지, 오른쪽을 보고 누웠는지, 왼쪽을 보고 누웠는지, 피해자가 천장을 보고 누웠는지, 가해자가 피해자의 다리 쪽에 있었는지 머리 쪽에 있었는지, 피해자의 어깨를 가해자가 잡았는지, 한 손으로 잡았는지 등등 그림으로 설명하면 바로 이해됩니다.

지하철에서 발생한 강제추행의 경우는, 지하철 수사대에서 아예 전동차 내부 그림이 그려진 종이를 피해자에게 주면서 피해자의 위치와 가해자의 위치와 행동을 그려보라고 요구하기도 합니다. 지하철 전동차 그림은 출입문 표시가 '3−4, 7−1' 이런 식으로 표시됩니다. 출퇴근을 하는 피해자들의 경우 보통 매번 비슷한 위치에서 지하철을 타기 때문에 자신이 어디에서 어디로 가는 몇 호선 지하철 전동차 몇 번 칸에서 이런 일을 당했다고 정확하게 진술하는 경우도 많이 있습니다.

4. 상황극을 할 때도 있습니다.

피해자에게 사건이 발생할 당시의 피해자 역할을 다시 해보라고 하는 것은 좀 가혹합니다. 보통은 피해자가 가해자의 역할을, 국선변호사가 피해자의 역할을 해서 사건을 재현하기도 합니다. 왜냐하면 말로는 도저히 그 상황이 그려지지 않은 경우가 있기 때문입니다. 아무리 설명해도 "어 그게 가능해요?"라는 반응이 나오는 경우가 있습니다.

이때는 상황극을 합니다. 그냥 행동 한 번으로 딱 보여주면 주변이 조용해집니다. "아아."라고 깨달으면서요. 팔이나 가슴, 엉덩이, 다리 등을 옷 위로 만지는 가해자 행동을 피해자가 국선변호사에게 하고, 직접 손이 신체에 닿지 않게 보여주기식으로 하거나 아니면 터치까지 하는 경우도 있습니다.

이상한 것은 정말 재현해보기 전에는 '정말 이런 식으로 강제추행이 가능해?' 이렇게 생각하는 경우가 많이 있다는 것입니다. 판사도 검사도 경찰도 변호사인 저조차도 그렇습니다.

가해자가 피해자의 등 뒤에서 서 있다가, 피해자의 등과 오른쪽 팔 사이로 자신의 검지 손가락을 펴서 뻗었습니다. 이 손가락이 피해자의 신체에 닿았고 이건 확실합니다. 그런데 피해자는 이 피의자의 손가락이 바로 자신의 오른쪽 유두를 눌렀다고 진술했습니다. 피의자의 검지 손가락은 피해자의 오른쪽 옆구리 사이로 들어왔는데 이 손가락이 닿은 부위가 딱 피해자의 가슴 유두 부분이었던 것이지요. 피해자는 대노하여 경찰신고하였고 가해자는 유죄판결을 받았습니다.

　　　　　　　　　　　　　　　슬기로운 피해자생활

그런데 피해자의 진술만 들었을 때에는 과연 이것이 가능한가? 라는 의심이 들었습니다. 수사관이, 검사가, 판사가 모두 매번 똑같이 질문을 했습니다. "이게 가능해요?"라고요. 저도 피해자를 믿지만 과연 피해자의 등 뒤에서 들어온 가해자의 손가락이 피해자의 유두까지 닿는지 아닌지는 말만 들어서는 잘 모르겠다고 생각했습니다. 그래서 결국 제가 피해자 역할을 , 피해자가 가해자 역할을 하고 재현을 했습니다. 1초 만에 주변의 모든 사람이 "아"라고 하면서 상황은 종료되었습니다. 당한 사람은 압니다. 이런 형태의 강제추행이 가능하다는 것을요. 왜냐하면 자신이 직접 당한 피해이기 때문입니다. 경험이 없는 사람은 말만 들어서는 모를 때가 많습니다.

　　경찰에서도 재현했고, 법정에서도 재현을 했습니다. 피해자의 손가락이 저의 신체에 직접 닿은 것은 아니었지만 아무튼 직접 보여주어야 했고, 경찰도 판사도 "아~"라고 말하면서 납득했습니다. CCTV에는 남성이 손가락을 여성의 겨드랑이 안쪽으로 넣는 장면만 나와서 구체적인 피해는 피해자가 자세히 진술하고 납득시켜야 했습니다.

　　경찰 조사 때 구체관절 인형이라도 있었으면 좋겠다고 생각한 적이 있습니다. 왼팔은 어디에, 오른팔은 어디에, 오른쪽 다리는 어디에, 왼쪽 다리는 어디에, 엉덩이는 어디에, 오른쪽 손가락은 어디에 등등. 이런 질문을 일일이 말로 설명한다는 것이 쉬운 것은 아니니까요. 리얼돌이 시판된다고 하는데 성폭력 수사에 이런 인형을 이용하면 좋지 않을까 생각해봅니다.

5. 마네킹이 동원될 때

팔이나 가슴, 엉덩이, 다리를 옷 위로 만지는 범행은 피해자와 국선변호사가 역할을 바꾸어 하는 데 크게 문제가 없지만, 음부 근처의 강제추행이나, 음부 안에 손가락 등을 넣는 유사강간행위는 재현이 거의 불가능하고 재현하고 싶지도 않습니다. 준비할 시간이 있는 사건의 경우 마네킹을 구하고 동영상을 찍어 참고자료를 내기도 합니다. 피해자 변호사인 내가 가해자의 역할을 하고 마네킹이 피해자 역할을 하고, 피해자는 감독처럼 이런저런 지시를 해서 동영상을 제작하여 법원에 제출합니다. 특정 동작이 어떻게 가능한지를 화면으로 설명합니다. 정말 직접 해보기 전에, 말만 듣고는, 그게 가능해?라는 말이 나오기도 한답니다. 한 피해자는 이렇게 말했습니다. "안 당하면 절대 몰라요. 변호사님도 판사님도 너무 곱게 사셨네요"라고요.

가해자의 손이 피해자의 치마 속으로 들어와 피해자의 팬티 속 음부에 가 닿았습니다. 강제추행 사안이지요. 그러나 피해자의 경찰 진술조서에는 그냥 "가해자의 손이 피해자의 치마 속으로 들어와 피해자의 팬티 속 그곳에 닿았다"라고만 되어 있었습니다. 피해자가 법정에 증인으로 출석했을 때도 가해자의 행동에 대한 설명은 이것이 전부였습니다.

그러나 문제는 다음 재판에서 생겼습니다. 판사님이 이 가해자의 손이 피해자의 치마의 허리 부분으로 들어간 것인지, 치맛단 방향에서 들어간 것인지를 검사에게 물었습니다. 피해자와 접촉시간이 가장 많았던 저는 피해자가 분명히 치마 아래 부분으로 손이 들어왔다고 설명했기 때문에 치마 아래로 가해자의 손이 들어왔다고 설명했습니다. 검사는 아니라고 했습니다. 피해자의 치마허리단 부분으로 가해자의 손이 들어와 팬티 속까지 들어왔을 거라고요. 피해자의 진술조서 표현만으로는 알기가 어려웠습니다.

피고인의 변호사는 피해자가 거짓말을 한다고 주장했습니다. 치맛단에서 손이 들어 왔는데 팬티스타킹 속으로 어떻게 가해자의 손이 들어올 수 있느냐고 따졌습니다. 독자분들은 이 가해자의 손의 움직임이 머릿속으로 그려지시나요? 피해자가 거짓말이라도 한 걸까요?

피해자는 재판이 끝나가는 마당에 판사와 검사가 가해자의 행동조차 제대로 파악하지 못한 것에 충격을 받았습니다. 범행 현장을 머릿속으로 그릴 수 있는 사람이 법정에 없었습니다.

경찰도 검사도 판사도 제대로 꼬치꼬치 구체적으로 질문하고 피해자가 가해자의 행동을 구체적으로 설명하도록, 당시 가해 상황을 자세히 잘 설명하도록 질문했어야 했는데, 모두 적절한 질문하기에 실패한 것입니다. 이것은 수사기관의 실수이지만 아이러니하게 그 피해는 고스란히 피해자가 받게 됩니다.

흥분한 피해자는 저에게 피해자 자신의 몸으로 실행을 해보라고까지 말했지만 어떻게 그럴 수 있단 말입니까. 겨우 마네킹을 구해 팬티를 입히고 팬티스타킹을 입히고 치마를 입히고 내가 가해자 역할을 해서 범행을 재현해보았습니다. 치맛단 아래에 손을 넣고 팬티스타킹 안으로 손이 들어가는지를 직접 실험했습니다. 그런데 이것이 되었습니다. 해보니까 되더군요.

해보면 너무 쉽게 됩니다. 내 손이 마네킹의 치마 속으로 들어갑니다. 당시 피해자가 입었던 치마는 신축성이 있었고 뒤트임도 있었습니다. 피해자의 치마 속 마네킹의 배 부분에 멈춘 손은 마네킹의 팬티스타킹 허리 부분과 팬티 허리 부분 안으로 손가락을 구부려 너무 쉽게 아래쪽으로 쭉 내려갔다. 제 손은 마네킹의 그 부분에 닿아 있었습니다. 치마 속에서 이 일이 가능했습니다. 제가 상대한 것은 딱딱한 마네킹이었지만 사람의 맨살이라면 좀 더 편하게 이 동작이 이루어졌겠지요. 당한 사람만 압니다. 이런 어려운 방식의 강제추행의 진술은 오히려 피해자 증언의 신빙성을 높이는 결과가 되었습니다.

경찰 조사가 그래서 중요합니다. 매우 면밀하고 구체적으로 범인의 행동 하나하나가 표현되어야 합니다. 경찰에서 피해자 조사가 좀 더 자세히, 좀 더 적절히 이루어졌었다면 피해자가 이렇게 법정에서 고생하지는 않았을 것입니다.

피고인의 변호사는 피해자의 진술이 달라졌다고 주장했지만, 달라진 것은 없었습니다. 부실한 수사가 있었을 뿐입니다. 능력 있는 수사관을 만나는 것, 꼬치꼬치 캐묻고 또 묻는 수사관을 만나는 것이 피해자에게 큰 복입니다.

가끔 성폭력 피해자에게 피해상황을 재현시키는 것이 문제가 되기도 합니다. 피해자에게 2차 피해를 주는 일이라고 비판합니다. 맞는 말이지만, 재현이 아니고는 설명하기 힘든 것도 존재합니다. 말로 다른 사람을, 현장에 없던 사람을, 설득하고 납득시키는 것이 가끔은 너무 힘듭니다. 범죄자들은 정말 기상천외한 방법을 동원하여 범죄를 저지르기 때문입니다. 저는 변호사로서 가끔은 서류에 의한 재판이 얼마나 한계가 있는지를 절감하곤 합니다. 피해자에게 너무 미안한 일입니다. 결국 이 피해자는 자신이 어떤 일을 당했는지 또 설명하기 위해 법정에 다시 나와야 했습니다.

다시 한번 그래서 피해자의 진술은 중요합니다. 경찰의 머리에, 검사의 머리에, 판사의 머리에 피해 사실이 그려질 수 있도록 진술해주세요.

이 일을 겪고 나서 저는 경찰에서 피해자 신문조서를 검토하면서 '가해자의 범행 장면이 내 머리에 그려지는지'를 살펴보게 되었습니다. 피해자분들, 님들의 이야기도 수사관님의 머릿속에 잘 그려지고 있는가요? 사건 현장이 잘 그려지게 말해주세요. 제가 도와드릴게요!

6. 나는 조사받는데 변호사 너는 뭐하니?
: 경찰 조사 때 피해자 변호사가 하는 역할

경찰이 피해자에게 질문하고 답변을 듣는 피해자 조사 과정에서, 피해자의 변호사는 적극적으로 경찰의 질문을 막거나 대놓고 피해자에게 진술을 지시하지는 않습니다. 수사를 방해하는 행위이고 좋은 전략도 아니기 때문입니다. "눈치껏 돕는다"가 적정한 답일 것일 것입니다. 수사 중에 피해자에게 할 말이 생겼을 때에는 그리고 이것이 급하다고 판단되면 잠시 조사를 멈추고 쉬는 시간을 달라고 요청할 수 있습니다.

피해자가 수사관의 질문의 뜻을 모르거나, 어떤 식으로 대답을 해야 하는지 모를 때는 슬쩍 피해자 변호사가 설명해주기도 합니다. 질문을 이해하기 힘들 때 변호사를 봐주세요. 은근슬쩍 설명하고 사알짝 도움을 드릴 수 있습니다. 특히 피해자가 자기감정에 빠져 불필요한 내용을 줄줄이 이야기할 때는 변호사가 브레이크를 걸어줄 수도 있습니다.

쉬는 시간에는 앞선 피해자 진술에 대하여 짧은 코멘트를 하거나, 진술의 분량 조절하시도록 하고, 성폭력 사건 본질에 집중하시도록 다시 한번 말씀 드리기도 합니다. 경찰이 어떤 의도로 어떤 질문을 했었는지, 이런 질문으로 수사관이 알고 싶은 것이 무엇인지도 설명 드립니다.

7. 유불리를 판단하지 마세요

성폭력 사건은 대부분 경찰서의 여성청소년수사팀에서 담당합니다. 쉽게 말하면 밥 먹고 성폭력 사건만 조사하는 경찰들이 사건을 조사한다는 말입니다. 성폭력 재판도 마찬가지입니다.

저는 피해자 조사 이전에는 피해자에게 너무 과한 상담은 하지 않습니다. 피해자가 수사 전에 변호사로부터 너무 많은 양의 조언을 듣고, 괜히 수사관의 눈치를 보고, 사건 결과의 유불리를 미리 생각하게 됩니다. 피해자 자신이 진술을 자신의 의도에 따라 조절하는 것은 심히 부적절합니다. 도덕적으로 부적절하다는 뜻도 있지만 수사결과가 피해자에게 결코 유리하게 돌아가지 않을 수도 있다는 뜻도 됩니다.

피해자 조사를 받을 때, 피해자가 생각할 것은 내가 이 진술을 했을 때 내가 불리하냐가 아닙니다. 피해자인 내가 지금 기억하고 있는 사실을 잘 전달하고 있느냐만 생각하셔야 합니다. 피해자가 상대하는 사람은 밥만 먹고 성폭력 사건만 수사하는 수사관이고 검사이고 판사입니다. 본 것, 들은 것, 느낀 것 등등을 있는 그대로 말하세요. 이것이 가장 유리하고 확실한 방법입니다.

8. 모르는 척 물어봅니다.

수사관은 모르는 척 물어봅니다. 수사관은 "당신의 이름은 무엇입니까? 가해자와의 관계는 어떻게 됩니까?" 이렇게 피해자 조사를 시작합니다. 수사관이 "오늘 왜 경찰서에 오셨습니까?"라고 질문할 때 거의 울 것 같은 표정을 지은 피해자도 있었습니다. "아니 어제 신고하러 오라고 하셨잖아요"라고 말하면서요. 당황하지 마세요. 수사관들은 그냥 모르는 척 물어봅니다.

피해자는 "신고를 권유하던 그 수사관이 왜 오늘 이렇게 쌩까고 아무것도 모르는 척 물어보지?"라고 생각합니다. 이 수사관이 당신의 고소장과 진술서를 이미 읽었고 당신을 만나 사건의 내용도 대충 알고 있을습니다. 그러나 피해자 조사는 상담이 아니라 정식 수사의 시작입니다. 당황할 필요 없습니다. 다른 뜻이 있는 것이 아닙니다. 피해자도 처음으로 말하는 듯이 하나하나 설명하시면 됩니다.

경찰이 작성한 피해자의 진술조서는 매우 중요한 증거입니다. 그래서 수사관은 이 사건에 대해 모르는 척 질문합니다. 수사관의 입이 아닌 피해자의 입에서 이 사건의 구체적인 부분이 나와야 하기 때문입니다. 그러면 피해자는 상대방이 알기 쉽게 이해하기 쉽게 범죄 상황을 설명하시면 됩니다.

9. 꼬치꼬치 물어봅니다. - 치사하다 치사해 경찰의 질문

피해자 조사에서 수사관들은 꼬치꼬치 물어보고 치사할 정도로 물어봅니다. 하나하나 물어봅니다. 당신은 화가 날 수 있습니다. 너라면 그 상황에서 그걸 기억하겠냐고 삿대질을 할 수도 있습니다. 그러나 진짜 말 그대로 치사할 정도로 물어본다면 이 수사관은 제대로 일하고 있는 것입니다.

성폭력범죄는 좀 이상한 범죄일 수 있습니다. 성관계나 성적 스킨십은 일반적으로 다른 사람이 목격하기 어려운 장면입니다. 또한 제 3자가 범죄상황인지 아닌지를 판단하기가 쉽지 않을 수도 있습니다. 길가에서 어떤 남녀가 키스를 하거나 안고 있거나, 그런 장면을 본다면 이것이 양쪽의 합의에 의한 행동인지, 어떤 폭력과 협박으로 발생한 사건인지 주변인들은 판단하기 어렵습니다. 영화 <건축학개론>에서 여주인공은 과연 선배와 어떤 관계였을까요? 범죄였을까요? 아니었을까요? 전후사정을 잘 모른다면 단정적으로 대답하기 어려울 것입니다.

사건 현장이 CCTV로 찍혀 사건 전후의 사정을 모두 보여주는 경우라면 매우 럭키하고 수사와 재판 과정은 일사천리로 진행될 겁니다. 가해자가 "내가 잘못했습니다" 하는 경우도 사건은 쉽게 풀립니다. 그러나 이런 경우가 얼마나 있겠습니까?

현장에 있는 피해자가, 현장에 없었던 수사관에서 (검사에게, 판사에게)

슬기로운 피해자생활

사건을 설명해야 하는 것이 피해자 조사입니다. 쉬운 것이 아닙니다. 성폭력 범죄의 대부분이 피해자와 가해자 단둘이 있는 상황에서 발생합니다. 유전자 검사 결과 정도가 나와야 그때서야 잘못했다고 말하는 피의자들, 1심에서 법정구속이 되고 나서야 미안하다고 비는 피고인도 많습니다.

그래서 피해자에 대한 경찰 조사는 매우 세밀하고 상세한 부분까지 물어봅니다. 그래야 피해자가 경찰에 2번 불려 오는 일이 없기 때문입니다. 가해자와 피해자의 말이 서로 다른 경우에도 피해자의 조사는 아주 면밀하게 진행될 수밖에 없습니다. 그러니 수사관이 질문이 더더욱 세세히 파고듭니다.

오른손이요? 왼손이요? 중지? 약지요? 벽 쪽이요? 문 쪽이요? 가해자의 왼쪽이요? 오른쪽이요? 만졌다는 것이 어떤 뜻인가요? 문질렀나요? 움켜잡았나요? 쓰다듬었나요? 스친 듯 만졌나요? 시답잖아 보이는 질문 하나하나가 사실은 다 의미를 가집니다.

10. 성폭력 피해자 조사는 달라요.

과거에는 거의 모든 성폭력 피해자 조사를 거의 해바라기센터에서 진행하였습니다. 서울 지역의 해바라기센터는 서울대병원(서울해바라기센터), 경찰병원(서울동부해바라기센터), 삼육병원(서울북부해바라기센터), 국립중앙의료원(서울중부해바라기센터), 보라매병원(서울남부해바라기센터)에 있습니다. 피해자들이 위화감을 느끼지 않고 편하게 진술할 수 있는 환경을 만들어 조사를 진행합니다. 조사실은 꽃무늬 벽지에 소파

그리고 곰돌이 인형 같은 것도 있습니다. 경찰서와는 확연히 다른 분위기입니다. 병원 내에 해바라기센터가 있기 때문에 피해자가 검사나 진료를 받기에도 좋습니다.

그러나 요즘은 해바라기센터에서는 주로 아동이나 장애인인 피해자의 조사를 하고, 성인 피해자의 경우 각 경찰서의 따로 준비된 진술 녹화실 등에서 조사를 받습니다. 진술 녹화실에도 소파와 인형과 꽃그림 벽지가 있는데 이것을 일반적인 경찰서의 모습은 아닙니다. 피해자가 위축되지 않고 편안하게 진술할 수 있는 분위기를 만드는 것이지요.

경찰서 사정에 따라 여성청소년팀 사무실에서 다른 분들이 모두 방에서 나가고 난 후 수사관, 피해자, 피해자 변호사만 참여하여 조사를 진행하기도 합니다. 그러나 가끔 사안이 경미하고, 조사시간이 오래 걸리지 않는 경우라면, 피해자의 동의를 얻어 과거의 방식으로 조사하기도 합니다. 진술 녹화실 여유가 없는 경우입니다. 진술 녹화실 조사를 받으려면 꼼짝없이 몇 시간을 기다려야 한다고 하면 피해자들은 그냥 빨리 끝내고 싶어 이런 방식으로 조사받는 경우도 있습니다. 성폭력 특례법 시행 초기에는 이런 경우가 많지 않았는데 제도 운용이 후퇴하는 것 아닌가 하는 생각도 듭니다.

일반적인 경찰 조사는 고소인이나 피고소인이나 가리지 않고 경찰의 수사팀이 있는 방에서 진행되는데, 이곳은 도떼기시장 같습니다. 경찰서에 따라 조금씩 차이는 있겠지만 큰 방에 수사관들이 10명 이상 있고 수사관들의 책상은 줄줄이 붙어 있습니다. 수사관 책상 앞에 의자를 두고, 이 의자에 피해자든 가해자든 앉아 수사관의

슬기로운 피해자생활

질문에 대답하는 방식으로 조사가 진행됩니다. 바로 옆 책상에는 다른 수사관이 다른 사건의 피해자나 피의자를 조사하고 있고 이것이 앞뒤, 옆으로 끝없이 이어집니다. 한 방에 수사관이 10명, 20명씩 있을 수도 있는데 수사관 전원이 조사 중이 아니라고 해도 경찰서의 각 방 분위기는 시끌시끌 정신이 없습니다. 절도나 사기 사건은 이렇게 조사해도 별문제는 없을 것이다.

하지만 당신이 성폭력 피해자라면 이런 곳에서 조사받고 싶지는 않을 것입니다. 그 사람이 나의 어느 신체 부분을 어떻게 만졌고 등등의 은밀한 이야기를 이런 곳에서 소리를 높여 말하고 싶지는 않을 것입니다. 물론 이 방에서 수사관이든 다른 사건의 당사자든, 우리 사건에 관심이 있는 사람은 별로 없겠지만 그래도 말입니다.

<시그널>이라는 드라마를 보면 젊은 시절의 김혜수가 혼인빙자 간음죄를 조사합니다. 피해자인 여성 세 명이 줄줄이 옆에 앉아있습니다. 앞에는 피의자인 남성도 앉아있습니다. 성폭력 사건을 이런 식으로 조사한다면 어느 피해자가 쉽게 신고나 고소를 결심할 수 있을까요? 경찰서의 한 방에 오고 가는 수많은 사람들이 피해자들의 얼굴을 힐끗힐끗 보면서 지나간다고 생각해보세요. 피해자가 비교적 인구가 작은 마을에 살고 있는 경우라면 소문이 나는 것은 시간문제가 될 것입니다. 그래서 보통의 성폭력 피해자 조사는 별도의 룸으로 조성된 공간에서 이루어지는 경우가 많고 주변에 사람이 없는 공간에서 이루어지는 것입니다.

11. 여성 경찰관에게 조사 받으시겠어요?

사건에는 담당수사관이 있습니다. 일반적인 형사사건의 경우 피해자도 가해자도 담당수사관이 조사를 합니다. 예를 들어 사기 사건의 경우 담당수사관이 사기 피해자를 조사하고 그러고 나서 사기 피의자를 조사합니다. 그런데 성폭력 사건은 조금 다릅니다. 성폭력 사건의 경우 피해자의 다수가 여성이고, 조사내용도 민감하다 보니 피해자들은 같은 여성인 수사관이 피해자 조사를 하는 것을 더 선호합니다. 그래서 담당수사관이 남성인 경우, 같은 팀의 혹은 다른 팀의 여성 수사관이 피해자 조사를 하는 경우도 많습니다.

최근 경찰에서는 이상한 동의서 하나가 추가되었는데 "남성 수사관에게 조사를 받는 것에 동의하십니까?"하는 내용입니다. 처음에는 "이건 좀 지나치다" 싶었지만 성폭력 피해자의 니즈를 고려한 조치인 듯합니다. 마찬가지로 피해자들은 여성인 국선변호사의 조력을 받고 싶다고 말하는 경우도 많습니다.

남성 수사관이 성폭력 여성 피해자를 조사한다고 해서 나쁘거나 불리하게 생각하실 필요는 없습니다. 저는 오히려 담당수사관 한 사람이 피해자도 조사하고 가해자도 조사하면서 사건의 실체에 접근하는 것이 좋다고 생각합니다. 사건 담당 수사관이 피해자의 얼굴도 몰라 엉뚱한 사진, 엉뚱한 CCTV 장면을 뒤지고 있던 일도 있었으니까요.

12. 피해자의 비밀보호

경찰 조사 당시 수사관이 피의자에게 피해자의 직업을 말했는데 이 수사관은 징계를 받았습니다. 피해자의 신상을 피의자 쪽에 노출했기 때문입니다. 이처럼 피해자의 신상보호는 매우 중요합니다. 피의자와 피해자가 서로 모르는 사람인 경우, 피해자는 자신의 이름이나 신상정보가 혹시 피의자에게 알려지지 않을까 두려워합니다. 피의자가 피해자의 집으로 찾아올까, 보복하지는 않을까 무섭다고 합니다. 그러나 정말 경찰, 검찰, 법원에서 피해자의 신상이 노출되는 일은 거의 없습니다. 담당자의 징계 사유가 되는 중요한 사건이 되기 때문입니다.

강제추행 피의자가 경찰관인 사건이 있었습니다. 범행 장소는 피해자의 원룸 건물 안이었습니다. 범죄를 막아야 할 경찰이 범죄 피의자가 되니 언론의 관심은 대단했습니다. 피의자인 경찰은 구속되었는데 문제는 그 이후에 발생했습니다. 사건 현장인 피해자의 원룸 건물에 기자들이 몰려든 것입니다. 피해자와 피해자의 부모는 난리가 났고 피해자를 조사했던 경찰서에 항의 전화를 했습니다. 저도 경찰과 검찰에 항의 의견서를 냈습니다. 당시 이 경찰서에서는 자체 조사까지 진행했지만 피해자의 주소는 경찰 쪽에서 노출되지 않았고, 경찰이 기자와 접촉하지도 않았다고 발표했습니다. 진상은 아직 잘 모르겠습니다. 어디에서 피해자의 정보가 새어 나갔을까요? 이런 일은 정말 피해자 국선변호사 활동 10년 동안 딱 한 번 있었습니다.

13. 가명으로 조사받으시겠어요?

성폭력 피해자는 가명으로 조사받을 권리가 있습니다. 피해자의 신상 노출을 방지하기 위해서입니다. 특히 피해자와 가해자가 서로 모르는 사이이고, 앞으로도 피의자가 피해자의 이름도 몰랐으면 하는 피해자들의 바람 때문에 생긴 제도입니다. 그래서 한때 성폭력 사건에 온갖 연예인들이 다 등장했습니다. 최지우, 김태희, 이효리 등등 수많은 피해자가 연예인 이름으로 피해자 조사를 받았습니다. 요즘은 이것이 연예인들의 인권침해 문제라고 해서 연예인 이름을 가명으로 사용하지 말라고들 합니다.

주의할 것은 피해자는 수사기관에서 사용한 자신의 가명을 절대 잊어버리면 안 된다는 것입니다. 수사와 재판절차 모두 가명으로 이루어지고 피해자의 본명이 적힌 봉투는 밀봉하여 보관되기 때문에 피해자는 자신의 가명이 김태희였는지, 최지우였는지 꼭 기억하셔야 합니다. 가명을 잊어버리면 자신의 사건을 찾기가 번거로워집니다. 본명으로 사건을 찾기 위해서는 피해자가 신분증을 가지고 검찰청으로 가서 봉인된 봉투를 찾는 과정을 거쳐야 합니다. 수사기관도 피해자 자신도 엄청 귀찮은 일이 됩니다. 가명을 꼭 기억해주세요.

가해자와 피해자가 평소 알고 있었던 경우는 가명 조사가 필요 없어 보이기도 하지만, 피해자가 자신의 실명이 수사와 재판 과정에서 드러나는 것이 싫어서 가명을 쓰는 경우도 있습니다.

가명으로 사건이 진행된 경우 합의나 법정 증언은 어떻게 할까요? 형사합의에는 보통 당사자의 신분을 증명할 서류가 제출되어야 하고

슬기로운 피해자생활

보통 피해자 본인의 인감증명서나 본인서명확인서 혹은 신분증 사본을 첨부합니다. 그래서 가명으로 조사를 받는 경우에도 합의서는 본명과 가명 두 개를 다 써서 제출하게 됩니다. 피해자가 법정에서 증언을 할 때도 피해자는 자신의 신분증을 가지고 법원에 갑니다.

판결문에는 피해자 가명으로 나옵니다. 형사 판결문만 보면 진짜 피해자가 누구인지 알 수 없습니다. 그럼 피해자가 가명 조사를 받지 않는 경우는 판결문에 피해자는 어떻게 기재될까요? 이○○, 김○○ 보통 이런 식으로 표현됩니다.

14. 가명의 문제 - 그러나 민사소송은 다르다.

피해자의 가명 조사 문제가 나온 김에 민사소송 이야기까지 해보겠습니다. 성폭력 사건에 대한 수사과 재판과정에서 피해자가 가명을 사용하였더라도 민사 손해배상 재판을 하는 것은 별개의 문제입니다.

형사사건에서 성폭력 피해자의 신상보호는 다른 어떤 범죄의 수사, 재판에서보다 더 철저하게 이루어지지만, 가명 조사로 피해자의 본명과 피해자의 본인 신상이 비밀로 보호되는 것은 오직 형사재판에서만입니다. 피해자들은 피고인과의 다른 재판에서도 자기 신상이 보호될 거라고 쉽게 생각하지만, 민사소송에서는 그렇지 않습니다. 만약 피해자가 가해자를 상대로 손해배상 청구소송을 제기하면 피해자 본명으로 제기하고 피해자의 주소가 밝혀지는 경우도 있으니 각별히 유의하셔야 합니다. 그러면 민사소송을 할 때 어떻게 진행을 해야 할까요? 변호사를 선임하여 진행하는 것이 적절합니다. 변호사

사무실로 소송서류가 송달되거나 전자소송을 이용하기 때문에 소송에서 원고의 실재 주소가 중요하지 않게 되고 소장의 원고 주소를 피해자의 실재 주소가 아닌 변호사 사무실 주소로 적어 진행하는 경우도 많습니다. 피해자의 과거 주소로 적는 경우도 있고요. 민사사건의 변호사는 사선변호사도 있고, 소송구조 결정으로 도와주는 기관이 있으니 참고하시기 바랍니다.

왜 민사소송에서는 성폭력 피해자가 가명을 사용하기가 어려울까요?

민사사건 판결문을 가지고 집행을 해야 하기 때문입니다. 판결문이 나왔음에도 불구하고 가해자가 피해자에게 돈을 지급하지 않는 경우, 피해자인 원고는 가해자인 피고의 재산에 강제집행을 할 수 있습니다. 드라마에서 냉장고, TV 등에 빨간 딱지를 붙이는 장면을 보셨지요. 이런 과정을 의미합니다. 이때 가해자가 이 돈을 누구에게 줄지 판결문에 원고가 명확히 기재되지 않으면 도대체 누구에게 돈을 지급해야 하는지 확실하지 않게 됩니다. 그래서 민사소송은 피해자인 원고의 본명으로 진행합니다.

딸을 데리고 재혼한 여성이 있었습니다. 재혼한 남편은 미성년자인 딸에게 몹쓸 짓을 하였고 결국 형사재판에서 유죄를 선고받고 실형을 살았습니다. 피해자와 어머니는 주소가 노출되지 않게 조치하여 이사하여 살고 있었고 나름 철저하게 가해자를 피하고 있다고 생각했습니다. 그런데 어느 날 이 피해자의 어머니는 이 남자로부터 민사 소장을 받았습니다. 자신의 주소에서, 그것도 피해자인 딸과 함께 살고 있는 집에서 말입니다. 이 어머니와 피해자는 경악했습니다. 이런 일이 어떻게 발생했을까요?

사실 이 부부는 공유하고 있던 토지가 있었는데 가해자가 이 토지에 관한 민사소송을 제기한 것입니다. 민사소송에서는 소송 상대방인 피고의 주소를 모르면 과거의 주소나 주민번호, 핸드폰 번호를 통한 사실조회 신청을 하여 주소를 파악하는 것이 가능합니다. 위 소송은 더구나 성폭력 소송과 무관한 토지와 관련한 민사소송이었습니다.

피해자 입장에서는 이런 일이 생기면 참 어이가 없고 기가 막히지만, 민사소송의 경우 신상노출 금지는 별 의미가 없게 될 수도 있습니다.

그러면 성폭력 피해자가 가해자를 상대로 손해배상 청구소송을 할 때, 가해자의 주소 등 신상정보를 모를 때는 어떻게 소송을 제기할까요? 이건 걱정하지 않으셔도 됩니다. 민사소송 과정에서 가해자의 주소를 파악할 수 있는 여러 방법이 존재합니다. 형사재판을 담당한 법원이나 검찰청에 사실조회를 하여 알아낼 수 있습니다. 따라서 피해자가 가해자의 신상을 모르더라도 민사재판을 하는 데에는 문제가 없습니다.

15. 진술 녹화 방식의 조사

피해자가 진술하는 장면을 영상 녹화하는 피해자 조사 방법입니다. 피해자의 진술을 보다 생생하게 남기기 위한 조사이고, 피해자가 아동이거나 장애인이면 대부분 진술과정을 영상 녹화합니다.

장점은 수사관이 유도신문을 하거나 함부로 조사할 가능성이 줄어들고 진술조서가 실제 조사와 다르게 작성되는 것을 막을 수 있습니다. 피해자의 진술이 수사관에 의하여 왜곡될 가능성이 없고, 생생한 증언을 검사나 판사에게 전달할 수 있는 장점이 있습니다. 물론 피해자가 거부하면 일반 진술조사도 가능합니다. 진술 녹화 조사는 피해자를 보호하기 위한 제도입니다. 이 제도는 장애인이나 미성년자인 피해자가 직접 법정에 나오지 않고도 피해자 관련 증거를 판사님이 볼 수 있게 하려고 만들어졌는데 최근 이것이 위헌 결정이 나면서 추후 어떤 방식으로 재판이 진행될지 두고 보아야 하겠습니다. 이제는 미성년자나 장애인이 법정에 증인으로 출석할 가능성이 이전보다는 높아졌습니다.

이 조사방식의 단점은 피해자의 모습이 동영상에 찍힌다는 것입니다. 보통은 피해자의 얼굴이 나오지 않는 각도에서 촬영하지만 피해자의 얼굴이 간혹 영상에 등장하기도 합니다. 이 영상이 외부로 유출되는 일이야 없겠지만 어쨌든 자신의 모습이 촬영된다는 사실이 부담스럽다고 하시는 분들도 많습니다.

이 영상조사가 피해자에게 유리하기만 할까요? 그것은 아닌 것 같습니다. 피해자의 진술이 여과 없이 화면에 담기기 때문입니다. 만약 피해자의 크고 작은 거짓말이 문제되는 상황이 오면 종이로 된 진술조서는 수사관이 잘못 썼다, 표현이 이상하다는 등 변명의 여지가 있고 얼렁뚱땅 구렁이 담 넘어가듯 넘어갈 가능성도 조금은 있지만 영상녹화의 경우는 이런 변명이 통하지 않습니다. 피해자의 진술이 좀 미심쩍다는 의심을 수사기관에서 하는 경우 영상녹화 방식의 조사를 권하는 경우를 꽤 보았습니다.

16. 진술 녹음 방식의 조사

요즘 서울 지역 경찰에서는 진술 녹음이 시범 운영되고 있습니다. 이는 피해자의 진술을 처음부터 끝까지 녹음하는 것입니다. 왜 경찰 조사에서 이러저러한 많은 방법들이 나오고 있는걸까요? 일제 강점기나 독재 시대를 생각해보시면 이해가 가실 겁니다. 진술조서는 종이에 경찰과 피해자나 나눈 질문과 답이 순서대로 적혀 있는데 이것이 실제로 경찰과 상대방 사이에 있었던 질문과 대답을 고스란히 담기는 쉽지 않습니다. 진술조서를 작성하는 사람의 편의에 따라 조작, 왜곡 가능성이 항상 존재합니다. 피해자의 진술조서가 실재의 수사와 비슷하게 작성된 정도여도 나쁘지 않겠지만, 만약 수사가 경찰이 당신에게 협박을 하고 압박을 가해서 진술하게 한다면 당신은 어떠하겠습니까? 억울하겠지요. 그래서 변호사가 경찰 조사 과정에 참여하기도 하고 이렇게 경찰의 조작을 막기 위한 제도들이 계속 나오고 있는 것입니다.

피해자 조사뿐 아니라 피고소인 조사에도 활용될 것으로 보이고, 사실 필요하다고 봅니다. 특히 10대인 당사자 조사에는 반드시 이런 방식의 조사가 필요하다고 생각합니다. 아직도 10대 미성년자 조사에서는 경찰이 윽박지르거나 회유하거나 하는 부적절한 경우가 존재합니다.

17. 대질조사를 한다고요

보통의 사기 사건 등 형사사건 조사에서는 경찰이 피해자와 가해자를 모두 불러서 대질조사를 하는 경우가 많습니다. 각 경찰서의 경제팀 사무실을 들어가면 여기저기에서 "이런 피해를 당했다"고 말하하는 고소인들과 바로 옆에서 "아니, 그것이 사실이 아니라 사정이 이러이러하다"고 말을 하는 피고소인들을 목격하게 됩니다. 바로 대질조사 방식입니다.

고소인과 피고소인, 피해자와 가해자가, 수사관 앞에 앉아 주거니 받거니 말을 하면서 수사관이 진실을 파악해가는 방식의 조사입니다. 당사자들의 태도, 말, 각각의 대응을 보면서 어느 정도의 실체진실 발견이 가능하기 때문이고, 자주 쓰이는 아주 전통적인 수사방식의 하나입니다.

그러나 성폭력 사건에서는 이런 대질조사가 거의 잘 이루어지지 않습니다. 성폭력 피해자 보호를 위해서입니다. 어느 성폭력 피해자가 가해자의 얼굴을 보면서 말하고 싶을까요? 대부분의 피해자들은 가해자의 얼굴도 보기 싫고 목소리도 듣기 싫다고 말합니다. 많은 피해자들이 가해자에 대한 두려움과 공포를 계속 가지는 경우도 많습니다.

아주 가끔은 피해자의 동의를 얻어 대질조사를 하기도 합니다. 경찰이 대질조사를 해보자는 말이 나오면 피해자의 변호사 입장에서는 사건이 좀 걱정됩니다. '우리 쪽 진술이 약했나? 우리 쪽에 뭔가 불리한 다른 증거가 있나?'라고 생각하게 됩니다. 혹시 성폭력 사건이 무고사건으로 바뀌는 것이 아닌가 하는 의심까지 듭니다. 수사기관에서 대질조사를 운운하는 것은 일단은 피해자 쪽이 뭔가 밀린다는 느낌을 주게 된다.

그러나 독자분들은 지나치게 성급하게 일반화하지 마시길 바랍니다. 만약 피해자 쪽에 수사상황이 불리한 상황에서 대질조사라도 해서 국면전환을 할 수 있다면 저는 피해자를 설득해서라도 대질조사를 하고 싶은 심정입니다.

그러나 대질조사에 응할지 거부할지는 피해자 본인의 판단이 가장 중요하고 성폭력 범죄에서 피해자에게 그 누구도 대질조사를 강제할 수는 없습니다.

18. 피해자가 여러 번 조사받을 때

경찰이나 검찰에서 피해자 조사를 2번 이상 하는 경우도 간혹 있습니다. 일단 피해사실이 많은 경우로 성폭력 피해가 1회에 그치지 않고 오랜 기간 지속된 경우입니다. 아동 성폭력의 특징이기도 하고, 성인 피해자인 경우에도 연인 사이에 오랜 기간 성폭력 피해가 있는 경우도 그렇습니다. 오전 10시에 조사를 시작해도 점심 먹고 다시 조사받고 저녁 먹고 다시 조사받고, 저녁 10시가 되어도 진술할 피해사실이 남아 있는 경우도 있습니다. 이럴 때는 다른 날을 잡아 추가로 피해자 조사를 받아야 합니다.

흔히 있는 경우는 아니지만 피해자의 주장과 피의자의 주장이 너무 상반되어 확인이 필요할 때, 1차 피해자 조사가 미진하였을 때 등등, 피해자는 또다시 경찰에 가게 됩니다. 1차 피해자 조사 이후, CCTV 동영상이 확보된 경우, 카카오톡 내역이 증거로 나온 경우, 유전자 검사 결과 등이 나온 경우 그런데 이와 관련한 피해자의 진술을 다시 확인할 필요가 있는 경우도 추가로 피해자 조사가 필요합니다.

수사관도, 검사도, 판사도 각 피해자 진술조서를 면밀하게 비교 분석합니다. 이것이 수사와 재판의 기본입니다. 피해자가 경험한 사실이 하나라면 1회 조사, 2회 조사, 3회 조사에서의 피해자의 진술은 아주 똑 떨어지게 같지는 않다 하더라도 (시간이 지나면 기억은 희미해지니까) 본질적으로는 같은 사실을 표현해야 합니다. 그러나 피해자의 각 진술이 약간의 기억의 차이나 약간의 사실의 차이가 아닌, 매우 본질적인 중요한 차이가 있다면 피해자 진술의 진실성은 의심받게 됩니다. 이것은 피의자에 대한 조사도 마찬가지입니다.

수사관의 머릿속에는 피해자가 처음 조사에서는 이렇게 말했는데 이번에는 왜 이렇게 말하는가? 왜 사건 발생 직후 이루어진 조사 때보다 시간이 지난 이후의 조사 때의 진술이 더 구체적인가? 왜 처음 조사 때는 나오지 않았던 중요 사실이 두 번째 조사 때 갑자기 등장하는가? 등등을 점검하게 됩니다.

여러 번의 피해자 조사에서 "갑툭튀"라는 상황은 피해자에게 유리한 것이 아닙니다. 그래서 피해자는 1차의 피해자 조사 때 사건 당시 발생한 사실을 모두 말하는 것이 좋고 이것이 안전합니다. 수사관이 2차 피해자조사에서 "그 이야기는 왜 이전 조사 때 말을 안 했어요?"라고 물어보면 보통 피해자들은 "중요하지 않다고 생각했어요"

슬기로운 피해자생활

라고 말합니다. 그러나 중요한지 아닌지를 판단하는 것은 피해자가 아닙니다. 수사관입니다. 그러니 있었던 사실을 시간 순서대로, 가급적 빠짐없이 1차의 피해자 조사 때 말해주세요.

물론 첫 조사 때 기억이 안 났다가 두 번째 조사에 기억이 나는 경우도 있습니다. 적절한 범주 내라면 무방합니다. 그러나 매우 부자연스러운 진술이 이루어져 수사관과 변호사를 당혹게 하는 경우도 존재합니다. 첫 조사 때의 내용과 반대되는 내용, 양립 불가능한 내용이 2번째 조사에서 나온다면 이는 피해자에게 유리한 상황은 아닙니다.

예를 들어 첫 조사에는 손을 만져 강제추행이라는 말을 했는데 두 번째 조사 때 가슴을 만졌다는 진술을 하면 이건 좀 이상합니다. 손을 만진 것과 가슴을 만진 것의 충격은 당연히 후자가 크지요. 그런데 첫 조사 때에는 말하지도 않았던 더 중하고 강력한 강제추행 범죄를 두 번째 조사에서야 말을 한다면 아무래도 이상합니다. 수사관은 당연히 "그럼 왜 지난번 조사받을 때 이런 피해 사실을 말하지 않았나요?"라는 질문을 할 것입니다. 다시 한번 강조하지만 피해사실 전부를 가급적 첫 조사에서 빠짐없이, 범죄 전후 상황에 대한 진술도 첫 조사에서 가급적 빠짐없이 하는 것이 좋습니다.

19. 보고 말해도 되나요?

피해자가 피해사실을 써 와서 수사관 앞에서 쭉 읽어 내려간다면 어떨까요? 이것은 부적절하고 허용되지도 않습니다. 피해자 조사는 수사관이 묻고 피해자가 답하는 과정이며 피해자는 피해자가 기억하는 것을 말하는 것이 원칙이고 수사관이 질문을 하면 피해자가 기억을 떠올려 진술하는 방식이 정석입니다.

다만, 요즘은 핸드폰이라는 변수가 생겼습니다. 모든 정보가 핸드폰에 있고 나의 기억에는 없습니다. 예를 들어 핸드폰 번호, 사건이 일어난 날짜, 상대방과의 카톡이나 문자메시지 내용은 내 머리에는 희미하고 핸드폰은 정확합니다. 그래서 경찰이 질문할 때 "핸드폰 보고 대답해도 되나요?"라고 묻는 피해자들이 많습니다. 경찰도 물론 허용합니다. 경찰도 정확한 것이 좋기 때문입니다.

피해자는 핸드폰으로 카톡, 문자메시지, 이메일, 일정표 등을 찾아보고 말합니다. 택시비 카드 결제 내역을 찾아 날짜와 시간을 말하기도 하고, 사건 당시 메모한 메모장 기록을 보여주기도 하고, 가해자가 사과했던 카톡 내용과 보낸 날짜와 시간을 확인하기도 합니다. 사건 장소인 모텔을 인터넷으로 검색해서 이름과 주소를 말하기도 합니다.

변호사인 제 생각에 핸드폰의 존재는 경찰 수사의 획기적 변화를 가져왔습니다. 내가 길거리를 지나다가 추행을 당했는데 이 시간을 어떻게 정확하게 말할 수 있을까요? 과거에는 "새벽 1시쯤요", "저녁 8시쯤요"라고 대충 말했습니다. 그러나 요즘은 범죄 시각과 장소까지 정확히 진술하게 됩니다. "내가 추행당하고 거의 바로 경찰에 전화했는데 전화한 시간이 저녁 11시 22분이니까 추행 시간은 11시 20분쯤인 것 같아요", "제가 친구하고 카톡하고 있는데 엉덩이 느낌이 이상해서 친구에게 '야 버스에 미친놈이 있나 봐'라고 톡을 보냈는데 톡을 보낸 시간이 9시

슬기로운 피해자생활

34분이니까 추행 시간은 9시 33분 정도 일 거예요."라고 진술합니다. 장소는 또 어떤가요? "종로에 있는 △△역 편의점이었는데요. 찾아볼게요", "ㅁㅁ편의점 종로 △△점이고 주소는 서울시 종로구 DDD-○○이네요, 이 편의점 지날 때 추행당했어요"라고 진술합니다. 범행 시각과 장소가 명확해집니다.

피해자가 써온 피해내용이 있다면 진술서로 제출해주세요. 그리고 이런 서류는 피해자도 따로 한 부를 보관하고 있는 것이 좋습니다.

20. 구체적으로 말하라

피해자는 경찰 조사를 빨리빨리 마치고 싶고, 대충 말하고 싶은 유혹을 받기도 할 것입니다. 그러나 피해자 조사를 받고 작성되는 피해자의 진술조서는 정말 중요한 증거입니다. 재판이 끝날 때까지 계속 따라다닙니다. 재판에서 피고인 변호사들은 피해자가 했던 진술 한마디 한마디를 공격할 가능성도 높습니다. 그래서 피해자는 기억나는 한도에서 정확하고 구체적으로 진술해야 합니다.

시간에 따라 기억나는 모든 것을 자세하게 말하고 빠뜨리는 내용이 없어야 합니다. 피해자가 너무 사소한 일을 말한다면 수사관이나 국선변호사가 이 부분은 생략하시라고 조언할 것입니다. 그러나 피해자가 스스로 삭제하고, 스스로 건너뛰기 하는 것은 좋은 진술 방식이 아닙니다.

21. 시간 순서대로 말해주세요

시간 순서대로 진술하는 것이 가장 무난하고, 편안한 진술 방식입니다. 예를 들어 사건 일주일 전, 하루 전, 한 시간 전 그리고 사건 발생 이후의 상황들을 시간이 흘러가는 대로, 순서대로 차근차근 말하면, 피해자도 편하고 수사관도 이해하기 좋습니다.

수사관이 내 사건을 잘 이해해야 사건이 잘 풀리는 것입니다.

22. 본 것은 봤다고! 들은 것은 들었다고!

조금은 엄격하게 내가 본 것, 내가 들은 것, 내가 느낀 것을 구분해서 진술하셔야 합니다. 피해자가 본 것은 본 것이고, 피해자가 들은 것은 들은 것입니다. 피해자 조사에서는 피해자가 자신이 보고 듣고 느낀 것을 말하는 것입니다.

친구한테 들은 이야기를 피해자가 들은 것처럼 말하면 안 됩니다. 친구가 본 것을 피해자가 본 것처럼 말하면 안 됩니다. 사건이 발생하고 나서 알게 된 것을 사건 당시 알았던 것으로 말하면 안 됩니다. 절대금지입니다.

분명히 구분해야 합니다. 내가 본 것과 들은 것이 아닌 것을, 내가 본 것과 들은 것으로 진술하면 진술이 꼬이고, 사건도 꼬이고, 수사관은 헷갈립니다.

나는 언제 무엇을 보았다. 나는 언제 ○○으로부터 무엇을 들었다. 나는 언제 카카오톡, 문자, SNS로 어떤 사실을 알게 되었다. 이렇게 말해주세요. 피해자가 이 원칙을 어기면 거짓말쟁이로 몰릴 수도 있습니다.

예를 들어 10일에 직장 회식이 있었습니다. 나는 술에 취했고 기억이 없습니다. 눈을 뜨니 남성 동료와 둘이서 모텔이었습니다. 11일에 직장동료에게 당시 상황을 들었습니다. 가해자가 다른 직장동료들에게 "내가 ○○을 데려다줄 테니 모두 다 집에 가라"라고 했다는 것입니다. 피해자는 10일 밤에는 이러한 가해자의 행동을 전혀 몰랐습니다. 술을 마시고 의식이 전혀 없었기 때문이지요.

그런데 피해자가 경찰에서 진술할 때는 "10일에 직장 회식이 있었고, 술을 마셨고, 이 남자가 다른 직장동료에게 자기가 나를 데려다준다면서 다른 사람은 다 먼저 가라고 말했고, 이후에 눈을 떠보니 모텔이었다"라고 진술하면 안 됩니다.

이 진술에 의하면 가해자가 다른 직장동료에게 한 말을 피해자 자신이 들은 것이 됩니다. 피해자는 술을 마시고 기억이 없다고 했는데 가해자의 말은 어떻게 기억하는지 수사관은 의심하게 될 것입니다. 적어도 술자리가 끝날 때 피해자가 의식이 있었다고 잘못 판단할 것입니다.

10일에 피해자가 듣고 본 것, "직장 회식이 있었고 여러 직장 동료가 함께 술을 마셨고, 나는 기억을 잃었고 일어나 보니 모텔에 가해자와 단둘이 있었다" 이렇게 여기까지 말하면 충분합니다.

그리고 "11일 동료로부터 이런 이야기를 들었다"라고 말하면 됩니다.

23. 오직 피해자의 기억으로!

진술할 때는 냉정하게 기억하는 대로만 말하세요! 사건 당시는 기억이 없었다가 나중에 잠이 깨고 나서 술이 깨고 나서 기억이 난 것이 있으면 이대로 말해야 합니다. 사건이 벌어졌을 때 기억한 것처럼 진술하면 안 됩니다.

"기억나는 것은 기억이 나는 대로", "기억이 안나는 것은 안 나는 대로", 그대로 말하세요. 기억이 정확하지 않으면 "정확하지는 않지만 ~한 것 같아요"라고 말하세요. 이것으로 충분하고 충분합니다. 수사관의 질문에는 피해자가 기억나는 대로 대답하는 것이 원칙입니다.

특히 경찰의 피해자 조사는 사건이 발생하고 시간이 얼마 지나지 않았을 때 조사를 받게 되기 때문에 이때 피해자의 기억이 가장 생생하고, 정확하다고 판단을 받게 됩니다.

첫째도 기억, 둘째도 기억입니다. 가해자가 왼손으로 내 허리를 만졌는지 오른손으로 만졌는지 기억이 정확하지 않은데 "왼손이요", "오른손이요"라고 말하지 마세요. 가해자가 오른손으로 나를 만진 것 같으면 "정확하지는 않지만 오른손으로 만졌던 것 같아요"라고 말하면 충분합니다.

또 사건 이후 피해자가 친구나 가족들에게 구조요청을 했던 통화 내역이나 카카오톡, 문자 내역은 성폭력 피해를 입었다는 중요한 증거가 됩니다. 피해자가 "기억이 잘 안 나는데 카톡을 보니 몇 월 며칠 몇 시에 이렇게 보냈어요. 이때는 몇 시 정도였어요. 이때 장소는 어디였어요" 이런 식의 진술을 많이 합니다.

슬기로운 피해자생활

한편 "기억이 안 났는데 나중에 카톡을 보니, 문자를 보니, 통화한 시간을 보니, 이런 기억이 났어요"라는 진술도 가능합니다. 또 누구누구의 말을 들으니 기억이 났다. 이런 진술도 좋습니다.

애매하면 애매하다고 말하세요. 절대 무리하지 마세요. 그것이 피해자 자신이, 자신의 사건 수사에 최대한 지혜롭게 협조하는 길입니다.

피해자가 어떤 생각이나 판단을 했다면 "이런 생각이 들었다", "이렇다고 생각했다"라고 말하면 충분합니다. 이것을 "사실이다"라고 말하면 안 됩니다. 피해자의 진술조서는 문자로 남기 때문에 기억과 다른 진술은 두고두고 문제가 됩니다.

법정에서 피해자가 증인으로 증언할 때도 같은 원칙이 적용됩니다. 이른바 위증죄가 성립되는지의 기준도 증인의 기억입니다.

24. '확실해요! 분명해요!'라고 말할 때는 주의하라

"이게 최선입니까? 확실해요?"라고 묻는 것은 시크릿가든 현빈의 대사입니다. 그러나 경찰에서 가장 많이 물어보는 말이기도 합니다. 정말 확실한가요? 정말? 확실한 사실은 확실하다고 이야기하는 것이 좋습니다. 정확하게 기억이 나고, 카카오톡 메시지나 문자메시지 등으로 확인이 된 것은 확실하다는 표현하는 것도 좋습니다.

그러나 항상 조심하셔야 합니다. "확실하다", "그랬다", "그런 것 같다", "그런 것 같지만 정확하지 않다"는 각각 명백히 다른 진술입니다. 확실하다는 진술은 나중에 법정에서 피고인의 변호사가 공격하기 좋은 포인트가 되기도 합니다. 정말 확실하면 상관없지만, 정확하지 않은 것을 확실하다고 피해자가 표현하는 것은 고생길의 시작입니다. 금기 중의 금기입니다. 사실과 피해자의 주관적인 느낌은 다른 것이니까요. 느낌을 사실처럼 말하면 안 됩니다. "~라고 느꼈지만 확인해보지는 않았어요"가 정답일 수 있습니다.

예를 들어 경찰에서 피해자가 "확실하게 1, 2초 정도 순식간이었어요"라는 말을 했는데 강제추행이 일어났던 시간이 1, 2초였다고 진술한 것입니다. 그러나 이때 피해자가 시계를 보고 있었던 것은 아니었고 또 피해자는 당시 취해있었습니다. 피해자는 자신이 순식간의 짧은 시간 동안 피해를 입었다고 느꼈고 그것을 강조해서 말을 한 것뿐입니다. 그러나 이 말은 재판에서 피고인의 변호사에게 좋은 먹잇감이 되었다. 피해자가 주장하는 방식으로 강제추행을 당했다면 절대 1, 2초의 안에 이런 행동이 있을 수가 없다는 것이 피고인 변호사의 주장이었고, 이것이 사실이었습니다. 피고인 변호사는 신나서 피해자가 거짓말을 한다고 공격해댔습니다.

결국 피해자와 범행 재현해보았더니 정말 1, 2초 안에는 범행이 불가능하였습니다. 그러나 피해자가 거짓말한 것은 아니었습니다. 피해자는 자신이 그렇게 느낀 것을 강조하여 말했을 뿐이었습니다. 결국 가해자는 유죄 판결을 받았지만 재판기간 동안 피해자가 받은 스트레스와 두려움은 매우 컸습니다. 피해자는 자신이 "정확하게 1, 2초였다"라고 진술한 것을 후회하였습니다. "저는 1, 2초 정도의 순식간으로 느껴졌어요"라고 말했으면 충분합니다.

진술의 뉘앙스가 있습니다. 확실한 것만 확실하다고 말하시고 정확한 것만 정확하다고 말해주세요. 피해 감정이 앞서고 복수심과 분

　　　　　　　　　　　　　　슬기로운 피해자생활

노가 있으면, 진술할 때 아무래도 피해를 강조하게 되고 실수할 수도 있습니다. 피해자 진술을 과유불급입니다.

25. 진술에도 스타일이 있더라고요

세상에는 말하는 스타일이 다양합니다. 같은 일을 겪어도 자세히 말하는 사람, 대충 말하는 사람, 세세하게 기억하는 사람, 건성건성 기억하는 사람, 표현이 소극적이고 간결한 사람, 다소 감정적이고 과장되게 말하는 사람, 내 일인데 남의 일인 양 말하는 사람 등등 다양한 사람들이 있습니다. 저는 많은 피해자들의 진술과 증언을 듣는데, 정말 각각 말하는 스타일에 개성이 있습니다.

직업이 직업이다 보니 여러 사람의 말하는 스타일을 관찰하게 되는데, 7살 어린아이라도 명확하고 간결하게 자신의 피해상황을 진술하기도 하고, 고학력의 전문직으로 똑똑하다는 사람도 수사관에게 엉뚱한 말을 해서 사건의 본질을 흐리는 경우도 있습니다.

수사기관에서 원하는 진술은 객관적인 사실이기 때문에 피해자는 자신의 변호사에게 내가 말하는 스타일이 어떤가 한 번 물어보고 점검할 필요도 있습니다. 변호사가 "진정하세요"라는 말을 많이 한다면 감정적으로 흥분하는 스타일이고 이 스타일은 흥분해서 실수할 수도 있지만 피해 감정의 호소에는 유리할 것입니다.

당신의 변호사가 당신에게 "좀 더 표현해주세요, 구체적으로 말해주세요"라고 말한다면 당신은 무리한 진술의 위험은 없지만 구체적인 상황에 대한 생생한 진술은 어려울 수 있습니다. 피해상황과 피해사실에 대하여 너무 아무렇지 않게 마치 별 피해 없었다는 식으로 말하는 피해자도 있습니다. 피해자의 국선변호사인 저는 수사관이 피해자의 말을 문자 그대로 받아들일까 봐 겁이 나기도 합니다. 이 피해자는 평소 자신의 감정에 대해 누군가에게 호소해 본 적이 없는 사람이었습니다.

수사기관에서나 재판 과정에서 경찰이나 검찰이 그리고 판사가 개개의 증인의 말을, 피해자의 진술 스타일을 이해하려는 노력도 필요합니다. 피해자는 자신의 일상생활 속에서 개성을 가지고 살아왔기 때문입니다. 피해자에게 객관적인 진술을 엄격하게 기대하는 것은 지나치게 가혹할 수 있습니다.

V

———————— · ————————

증 거

V

V
증 거

1. 카카오톡 내용 지우지 마요

성폭력을 당한 기억이 뭐가 좋겠습니까? 피해자가 신고하지 않고 그냥 넘어가겠다고 결심하면서 자신의 핸드폰에서 가해자의 흔적을 지웁니다. 주고받은 카카오톡, 문자 내역을 삭제하고 통화 내역까지 삭제합니다. 이 문제를 잊겠노라 결심합니다. 그런데 얼마 후 피해자와 가해자가 하룻밤 어쩌고저쩌고 그런 말들이 돌았습니다. 피해자와 가해자가, 같은 대학교, 같은 직장, 같은 상인회, 동창 등등으로 연결될 경우 의외로 가해자 쪽에서 말이 나는 경우가 많습니다. 자랑하듯이 성관계 사실을 주변 사람들에게 말을 하는 것입니다.

성폭력 사실을 숨기고, 다 잊고 살아가려고 결심했던 피해자는 이 지점에 신고를 생각합니다. 그러나 가해자가 "미안하다"고 했던 문자들, 임신을 걱정했던 카카오톡 내용들, 가해자에게 욕을 했던 피해자의 문자들은 이미 사라지고 없습니다. 무엇으로 피해를 증명할까요? 핸드폰을 디지털 포렌식으로 검사할 수 있지만 사설업체에 맡기면 비용이 들고, 수사기관에 맡기면 1~2달이 걸립니다. 증거가 얼마나 나올지는 장담할 수는 없고 성관계 자체를 입증하기 어려울 수 있습니다. 유전자 검출이 안 될 가능성이 높으니까요.

성관계가 인정되면 합의에 의한 성관계인지를 두고 싸우게 됩니다. "네가 나한테 사과했잖아", "네가 죽일 놈이라고, 용서하지 말라고 나에게 카톡 보냈잖아"라고 말을 해도 이미 삭제한 메시지는 나타나지 않습니다.

당신이 가진 증거에는 손대지 마세요. 완전히 용서하고 지나갈 수 있다고 판단할 시점은 아직 오지 않았습니다. 또 피해자가 자기 손으로 자신에게 유리한 증거를 삭제했다고 주장할 때 오히려 피해자를 의심하는 수사관도 있습니다. 가해자도 마찬가지입니다. 수사기관과 판사는 자기에게 유리한 증거를 스스로 지웠다는 당사자의 말을 믿지 않습니다.

2. 카카오톡에서 '나오기' 하지 마요

카카오톡에서 일부 내용을 지우는 것보다 더 심각한 것은 아예 카카오톡에서 '나오기'를 하는 경우입니다. 일단 사건을 신고할 생각도 없고 기억이 끔찍하니 우선 나오기를 누르고 보는 피해자도 있습니다. 그러나 사람 일은 모르는 것입니다. 신고할지 말지 고소할지 말지는 간단하게 결정할 문제가 아닙니다. 혹시 마음이 바뀌고 상황

슬기로운 피해자생활

이 바뀔 수도 있으니 카카오톡 대화창에서 나오기는 누르지 마세요. 캡처라도 해두고 아니면 출력이라도 해두세요. 그래야 마음이 바뀌어 가해자의 처벌을 요구할 때 억울하지 않습니다. 카카오톡에서 나오면 이때는 핸드폰 포렌식 조사도 의미가 없어집니다.

3. 핸드폰 메모 수정하지 마요

성폭력 피해를 당하고 피해자는 너무 놀라 자신의 핸드폰에 메모를 남기기도 합니다. 피해자라도 시간이 지나면 기억이 흐릿해지기 때문에, 사건 발생 당시 또는 직후의 이러한 메모는 매우 중요한 증거입니다. 핸드폰에는 메모 작성 일시가 저장되기 때문입니다.

그런데 하루 이틀 지나 피해자는 이 메모를 좀 더 수정합니다. 맞춤법을 고치고, 표현을 가다듬습니다. 이렇게 수정된 내용은 수정된 일자로 다시 저장이 됩니다. 피해자의 메모 작성은 메모 내용이나 오탈자보다 그 작성시간이 중요한 경우가 많습니다. 그러니 수정하지 마세요. 추가할 내용이 있다면 다시 메모하고 저장하세요.

내용에 오타가 있어도 됩니다. 표현이 거칠고 욕설이 있어도 됩니다. 중요한 것은 피해자가 이 메모를 어느 시점에 작성하고 저장했냐는 겁니다. 저는 기계치라서 이러한 경우에도 원래 메모한 시간을 찾을 수 있는지 잘 모르지만 경찰이 이것까지 해주는 경우는 없었습니다.

지하철에서 강제추행당한 직후 핸드폰에 메모를 했던 피해자가 있었습니다. 이로서 범행시간이 나타나고 피해자의 피해사실도 상당히 신뢰를 얻게 됩니다. 그러나 피해자가 이 메모를 다음날 수정하고 또 며칠 후 수정했다면 증거의 가치는 하락합니다. 처음의 메모가 가장 중요합니다.

4. 핸드폰 디지털 포렌식

<완벽한 타인>이라는 영화가 있었습니다. 등장인물의 핸드폰 저장 내용이 친구들에게 공개되면서 벌어지는 여러 일들을 재미나게 그린 영화입니다. 핸드폰이 나보다 나에 대해 더 잘 알고 있는 것 같습니다. 성폭력 범죄에서도 나보다 나에 대해 더 잘 알고 있는 것이 핸드폰일 때가 있습니다.

가장 흔하게 핸드폰 디지털 포렌식을 하는 경우는 촬영죄와 유포죄의 경우입니다. 성폭력범죄의 처벌등에 관한 법률상 카메라등이용촬영과 유포죄는 거의 핸드폰을 통하여 이루어지고 가해자의 핸드폰을 확보하고 이를 디지털 포렌식으로 조사하는 것은 필수입니다.

원래 조사하려던 사건 말고 다른 범죄가 드러나는 경우도 굉장히 많고 이 수사기법은 현재 성폭력뿐 아니라 각종 범죄에서 인기가 많은 방법입니다. 핸드폰을 경찰이나 검찰에 제출하면 조사 기간이 한 달 이상 걸리고 이 부서는 항상 일이 밀렸다고 합니다. 각급 검찰청마다 조사를 받으려는 핸드폰이 줄을 섰고 의심스러운 경우 핸드폰을 2, 3번씩 돌려 정보를 얻는데 이때 추가로 더 나타나는 사진이나 동영상이 있다면 수시기간이 더 늘어나게 됩니다.

경찰이 가해자의 집까지 방문하여 가해자의 컴퓨터의 하드디스크까지 압수하여 디지털 포렌식을 합니다. 피해자의 폰을 디지털 포렌식 조사를 위해 제출하는 경우도 있는데 피해자가 가해자와의 연락 메시지 등을 삭제한 경우입니다. 이 조사를 한다고 100% 모든 정보가 복원되지는 않는 것 같습니다.

돈을 주고 사설업체에 맡겨서 디지털 포렌식을 하는 경우도 있습니다.

5. 유전자 검사

피해자의 자궁에서 남성의 유전자를 검출하고 피해자의 가슴에서 가해자의 타액을 발견하는 조사입니다. 보통 강간이나 준강제추행, 준강간 사건에서 많이 합니다.

피해자가 준강간 신고를 했는데, 가해자는 성관계가 없었다고 주장합니다. 그런데 피해자의 음부에서 가해자의 정자가 검출되었다면 가해자가 거짓말한 것이 사실이겠지요.

피해자가 자신이 준강간을 당한 것 같은데 정확하지 않은 경우에도 피해신고 후 유전자 검사를 합니다.

한 여성이 남성 A, B 2명과 모텔에서 술을 마시고 잠이 들었습니다. 피해자는 잠결에 누군가 자신의 몸에 삽입한 것을 느꼈고, 다음 날이 되어 남성 A는 바로 자신의 잘못을 사과하였습니다. 남성 B는 친구가 그럴 줄 몰랐다면서 피해자를 위로하고 합의를 주선하였습니다. 친구의 미래를 생각해 경찰신고를 하지 말아달라고 부탁했습니다. 피해자는 고민 끝에 경찰에 신고하고 유전자 검사도 받았습니다. 유전자 검사 결과가 나왔습니다. 그런데 A, B의 유전자가 모두 피해자의 몸에서 검출이 되었습니다. 피해자가 받은 충격과 배신감은 이루 말할 수 없었습니다. B는 피해자의 대학 선배였고 이 사건 이후 피해자에게 고백까지 했다고 합니다. "사귀자, 그동안 좋아하고 있었다, A와의 관계도 합의로 원만하게 같이 풀어보자, 고소를 취소하면 안 되냐"는 식으로 피해자를 회유하였습니다.

그런데 B도 A와 같은 가해자였습니다. 두 사람이 짜고서 범행을 저지른 것은 아니었지만 B는 피해자와 자신의 친구인 A 그리고 경찰까지 속였습니다. 피해자는 3심까지 합의하지 않았고, A, B는 모두 실형을 받았습니다. B의 형이 징역 2년 6월 정도였고 A보다 형량이 높았습니다. 피해자를 속이고 경찰에서 거짓말을 한 것이 무거운 형을 선고받은 이유였습니다. 유전자 검사 결과를 통보받고 가장 충격을 받았던 사건이었다.

우리나라 법원에서는 초범의 대학생들이 구속되고 실형을 받아 감옥에 간다는 것은 상당한 중한 처벌이라는 의미이지만, 형량이 적다고 생각하시는 분들이 많습니다. 그러나 앞으로 성폭력 범죄의 처벌은 계속 더 강화될 것입니다.

유전자 검사를 하고 피해자의 질 안에서 가해자의 정자가 검출된다고 해도 이로서 바로 강간죄나 준강간죄가 성립하는 것은 아닙니다. 이것은 피해자와 가해자 사이에 성관계가 있었다는 증거일 뿐입니다. 가해자가 우리는 합의하에 성관계를 가졌다고 주장한다면 유전자 검사 결과와 배치되는 주장은 아닙니다.

다만 어느 쪽이든 경찰에서 거짓말을 한 경우는 반드시 불리해집니다. 가해자가 나는 피해자와 손도 안 잡고 잠만 잤다고 진술하였

슬기로운 피해자생활

는데 피해자의 가슴에서 가해자의 타액이 검출되었다면 가해자의 거짓말이 명백해지고 가해자가 수사기관에 거짓말을 한 이유는 준강간이든 강간 범행은 숨기기 위함이라고 추론할 수 있겠지요.

6. CCTV의 나라, 대한민국

한 여고생이 교복을 입고 집으로 갑니다. 대낮이었고 길에는 아무도 없었습니다. 그런데 누군가의 손이 이 학생의 뒷목에서부터 등, 허리, 엉덩이 아래까지 쭉 훑었습니다. 이 학생은 너무나 놀라 그 자리에서 얼음이 되어버렸습니다. 한참 뒤에 정신을 차리고 뒤를 돌아보았지만 가해자는 보이지 않았습니다. 여자인지 남자인지, 키가 큰지 작은지, 무슨 옷을 입었는지도 전혀 모릅니다.

피해자 조사에 참여하면서 저는 너무 화가 났습니다. 가해자는 피해자가 교복을 입은 것을 보았고, 미성년자임을 충분히 알고 이런 짓을 저질렀습니다. 그런데 이런 나쁜 놈을 잡지 못하게 되었으니 피해자가 너무 불쌍하고 억울한 마음이 들었습니다.

만약 내가 성추행을 당한다면, 나는 바로 가해자의 손목을 잡아채고 따귀라도 때릴 것 같지만 사실 대부분 피해자는 놀라고 경직되어 그 자리에서 얼음이 됩니다. 피해자는 반항 한 번 못하고, 소리 한 번 못 지르고 가해자는 유유히 현장에서 떠납니다. 그러나 피해자 여러분 자책하지 마세요. 다수의 여성 피해자가 이런 반응을 보입니다.

목격자도 없고, 피해자조차 가해자를 못 봤습니다. 미제사건이 될 것 같았습니다. 피해자도 "나도 안다"고, "혹시 몰라서 신고했다"고 말했습니다.

한 달쯤 지났을 때 담당 수사관님이 범인을 잡았다고 말했습니다. "예? 아니 어떻게요? 정말이요?" 어떻게 피해자가 보지도 않은 가해자를 잡지? 기적이 일어났습니다.

이 가해자는 같은 날 버스에서 다른 여성을 추행하다가 덜미를 잡혔습니다. 수사관님이 이 가해자의 동선을 체크하면서 사건 현장 근처에서 도망쳐 달아나는 CCTV를 발견했고 가해자의 자백도 나왔습니다. 대박! 대한민국 만세! CCTV 만세!

강간, 준강간 사건에서 현장의 사진이나 동영상이나 녹음파일이 존재하는 경우는 거의 없습니다. 이런 증거가 있다면 도리어 정말 이상한 일이겠지요. 그래서 수사기관에서는 사건 전후의 피해자와 가해자의 모습이 찍힌 블랙박스 영상이나 CCTV 동영상이라도 확보하려고 노력합니다. 예를 들어 식당 거리, 커피집, 택시, 모텔, 모텔 밖 등등의 모든 동선의 CCTV를 확보합니다. 길거리에서 발생한 강제추행도, 지하철에서의 강제추행 사건도 CCTV 확보가 중요합니다. 사각지대도 있고, 머리만 찍힌 경우도 있고 여러 가지 문제도 있으나 그래도 CCTV의 존재는 피해자들이 믿을 수 있는 중요한 증거입니다.

그러나 이 CCTV 동영상을 증거로 확보할 수 있는 기간이 길지 않다는 점을 반드시 유념하셔야 합니다. 그래서 신고를 빨리 해야 한다는 말이 나옵니다. 1, 2일에서 3, 4주까지 설치된 장소에 따라 다르지만 사건이 발생하고 바로 신고하시는 것이 증거 확보에 있어서는 매우 유리합니다.

피해자가 성폭력 피해를 신고할지 안 할지, 고소할지 안 할지는 나중에 생각해도 되지만 CCTV 동영상은 확보해야 합니다. 신고했다가 나중에 가해자의 처벌을 원하지 않는다고 말해도 좋지만, CCTV 동영상은 확보해야 합니다.

피해자가 서둘러 모텔이나 술집 식당 등 관련 장소에 직접 가서 요청하는 것도 좋은 방법입니다. 간간히 경찰 없이 동영상을 줄 수 없다는 업체도 있으니 바로 경찰의 도움을 받아 동영상을 확보하시면 됩니다. 어느 사건은 CCTV 분석만 6개월 이상 걸린 사건도 있습니다.

평소 내가 살고 있는 집이나 직장 근처의 거리에 CCTV가 어디에 있는지를 잘 살펴주세요. 그리고 이 길로 지나다니시라고 권하고 싶다. 또 적극적으로 구청에 내가 사는 집 근처에 CCTV를 설치해달라고 민원을 넣는 것도 좋은 방법입니다.

7. 거짓말탐지기 조사

만원 지하철에서 누군가 내 뒤에서 내 엉덩이를 꽉 잡았습니다. 이것은 명백한 강제추행입니다. 만원 지하철이라도 단순히 손이 스치거나 몸이 스칠 수는 있지만 누군가의 엉덩이를 움켜잡는 일이 우연히 일어날 수는 없으니까요.

우리 법은 폭행, 협박이 없어도 기습적으로 사람의 신체의 중요부위를 만지는 행위를 처벌하고 있습니다. 기습 추행입니다. 주로 사건에서 문제 되는 것이 가슴, 엉덩이, 성기 부분 등입니다. 여자는 뒤를 돌아보았고, 바로 뒤에 서 있는 50대 아저씨에게 "어딜 만지냐"

며 따졌습니다. 이 아저씨는 "무슨 일이냐, 손이 스쳤나 본데 미안하다"라고 말했습니다. 실랑이 끝에 이 여성과 50대 아저씨는 지하철에서 내려 경찰서로 갔습니다. 피해자는 만졌다고 하고 가해자는 안 만졌다고 하고, 특히 만원 지하철이었으므로 과연 누군가 피해자의 엉덩이를 만진 것이 이 아저씨인지 아닌지 분간하기 쉽지 않았습니다.

이럴 때 해결방법은 간단한데, 전동차의 CCTV를 살펴보는 것입니다. 저도 이 동영상을 재판 과정에서 확인했는데 좀 어이가 없었습니다. 만원 지하철에서의 피해자와 가해자의 머리 부분만 나와 있었기 때문에 증거 가치가 전혀 없었습니다. 그리고 피해자 뒤에 여러 다른 사람이 있었습니다. 이런 경우 아저씨를 유죄라고 판단하기는 어렵습니다. 그런데 피해자가 거짓말했다고 판단하기도 어렵습니다.

피해자가 지하철을 타다가 갑자기 뒤에 있는 남성에게 항의하고 같이 내려 경찰까지 가는 것이 피해자의 연극으로 보기는 매우 곤란하기 때문입니다. 이런 상황에 진범을 잡는 방법은, 강제추행 당한 바로 그 순간 피해자가 자신의 엉덩이를 움켜쥔 누군가의 손을 잡아채어 뒤를 돌아 그 사람을 확인하는 것입니다. 그러나 어느 피해자가 이렇게까지 할 수 있겠습니까?

그런데 이 사건은 피해자 사방에 사람들이 있었고 피해자가 자신의 등 뒤에서 일어나는 일을 목격하지도 않았습니다. 저는 처음 수사 검사가 왜 이 사람을 기소했는지 이해가 가지 않았습니다.

그러나 재판이 진행되면서 저는 그 검사님이 왜 기소했는지 이유를 알게 되었고, '아하. 검사님 멋진데?'라는 생각을 하게 되었습니다. 어찌 된 일일까요? 독자들이 한 번 맞춰보세요.

답은, 짜잔, 거짓말 탐지기입니다.

피고인이 검찰에서 한 거짓말 탐지기 조사에서 "나는 지하철 전동차에서 이 여성의 엉덩이를 만지지 않았다"라는 질문에 "예"라고 대답했습니다. 그런데 이 질문에 대한 대답이 거짓말로 판정된 것입니다.

거짓말 탐지기는 임상적으로는 상당히 정확도가 높은 것으로 알려져 있으나 법원에서 증거로 채택하기 위해서는 피고인의 동의가 필요합니다. 피고인이 동의하지 않은 거짓말 탐지기 조사 결과를 재판의 증거로 사용하기 위해서는 담당 경찰관을 증인으로 부르는 등 복잡한 절차를 거쳐야 하고, 증거로 인정되더라도 그 신뢰성이 크다고 생각하지 않습니다. 이 사건에서 피고인은 법정에서 당연히 거짓말 탐지기 결과에 증거로 동의하지 않았고, 고로 판사님은 이것을 증거로 채택하기가 어렵다고 판단하고 결국 무죄판결을 내렸습니다.

그러나 이 수사검사는 무죄 선고를 예상하고도 피고인을 기소했습니다. 아마 피고인이 이 정도의 고생은 해야 한다고 확신한 것이 아닐까요? 저는 피해자에게 말했습니다. "그놈이 진범 맞아요! 무죄판결이 나오기는 했지만요." 우리 피해자는 "검사님께 고마워요, 무죄가 나왔지만 그 아저씨가 날 만진 건 맞아요"라고 말했습니다.

우울증 약 등 정신과적인 약을 복용하는 경우 거짓말 탐지기 결과가 제대로 나오지 않는다고 합니다. '말하는데 떨리면 결과가 잘못 나오지 않느냐'고 걱정하시는 분들도 있습니다.

경험적으로는 "판정불능"이라는 결과가 나오는 경우는 보았지만 피해자에 대한 거짓말 탐지기 결과가 피해자에게 불리하게 나오는 경우는 보지 못했습니다. 진술할 때 떨리는 정도로 거짓말 탐지기 조사결과가 엉뚱하게 나오지는 않는 것 같습니다. 본인의 진술이 명확하다면 굳이 거짓말 탐지기 조사를 피할 필요는 없어 보입니다. 결국 거짓말 탐지기 조사를 하지 않았다 하더라고 이전에 피해자가 강력히 거짓말 탐지기 조사를 원했다는 것이 기록에 남으면 이것 또한 나쁘지는 않습니다. 만약 피고인이 거짓말 탐지기 조사를 거부했고 피해자는 거짓말 탐지기 조사를 강력히 원했다고 하면 판사는 이 상황을 어떻게 평가하겠습니까? 하지만 이 역시 피해자의 판단의 몫입니다.

8. 녹취 파일

핸드폰으로 녹음을 쉽게 할 수 있는 세상이고 성폭력 사건에서도 녹취파일이 증거로 제출되는 경우가 많습니다. 피해자가 사건 현장을 녹음하거나 사건 이후 가해자와의 대화를 녹음하고 이 음성 녹음 파일을 수사기관에 제출하는 것입니다.

수사나 재판절차에서는 녹취파일을 녹취록의 형태로 요구합니다. 물론 경찰에서 의뢰하여 녹취록을 만드는 경우도 있지만, 답답한 피해자 쪽에서 비용을 들여 녹취록을 만들어 제출하는 경우도 많습니다.

녹취록은 피해자가 스스로 음성파일을 받아 적는다고 되는 것이 아닙니다. 정식 자격증이 있는 속기사가 녹음파일을 듣고 녹취록이라는 정식 문서를 작성하는 것이다. 그래서 이 작업에는 돈이 들고 녹음 분량에 따라 비용이 증가합니다.

검찰청은 5만 원 정도 내에서 녹취록 작성 비용을 지원하지만 녹취파일 양이 많을 경우는 피해자가 비용을 부담하기도 합니다. 예를 들어 한 사람에게 지속적으로 협박과 강제추행, 강요, 강간 등을 당해온 경우, 지속적인 데이트 폭력의 경우 녹취파일이 총 몇십 시간 분량인 경우도 있었습니다.

우리나라 수사와 재판은 기록에 의하여 이루어지기 때문에 녹음파일과 함께 녹취록을 제출하는 경우가 많습니다. 그러나 경험적으로 녹취록에 나와 있는 문자만으로는 사건 당시나 이후의 상황에 대한 분위기나 긴장감 등이 제대로 느껴지지 않아 녹취 파일을 직접 듣고 녹취록도 보는 것이 필요합니다.

9. 사진

사건 현장에서 피의자나 피의자의 범행 장면을 사진 찍는 경우도 있습니다. 예를 들어 지하철 에스컬레이터에서 이동하던 피해자가 자기 뒤에서 불법 촬영을 하던 피의자를 목격하고, 도망가는 피의자를 찍거나 피해자와 실랑이하는 피의자의 모습을 찍습니다. 또 피의자는 어떻게 해서든 경찰이 오기 전에 자신의 핸드폰 속의 사진이나 동영상을 삭제하려고 하고 핸드폰을 파손할 위험도 있습니다. 피의자를 감시한다는 의미에서 사진이나 동영상 촬영을 하는 것이 좋습니다. 경찰이 사건 현장에 도착하면 당연히 피의자의 핸드폰을 확보합니다. 그러나 경찰이 도착하기까지 어떤 일이 벌어질지는 모릅니다.

자기 핸드폰을 피해자에게 뺏기고 그대로 내뺀 피의자도 있습니다. 피의자의 핸드폰에서 피의자의 신상 정보 관련된 사진이 있었기 때문에 피의자는 쉽게 잡혔습니다.

사건 현장, 피의자의 얼굴, 피의자의 도망가는 뒷모습, 피의자의 핸드폰 속의 사진이나 동영상을 피해자의 핸드폰으로 사진 찍거나 동영상 촬영해두면 좋습니다. 그러나 너무 무리하지는 마세요. 당신은 방금 범죄 피해를 입은 피해자이니까요.

10. 목격자

성폭력 사건은 보통 목격자가 없습니다. 일반적으로 이성 간에 스킨십이 있거나 성관계까지 나가는 경우 주변에 사람들이 있을 때 이런 행동을 하는 일은 별로 없기 때문입니다.

그러나 촬영죄나 지하철 강제추행은 목격자가 있기도 하고, 목격자가 피해자에게 범죄피해를 말해주는 경우도 있습니다. 보통 피해자나 가해자 어느 쪽과도 친분이 없는 목격자의 진술은 매우 중요한 증거가 되고, 목격자가 경찰 신고를 하는 경우도 있습니다.

준강간, 준강제추행 등 피해자가 의식이 없는 경우도 목격자의 존재는 중요합니다. 예를 들어 준강간 사건에서 피해자, 가해자와 술을 같이 마셨던 사람은 당시 상황 오가는 말, 피해자와 가해자가 술을 얼마나 마셨는지, 취하였는지 여부, 피해자와 가해자가 어떤 스킨십이 존재하였는지 여부 등 준강간이나 준강제추행의 단초가 될 만한 사정들에 대하여 진술할 수 있습니다.

목격자가 허위로 수사기관에 진술하면 어떻게 될까요?

심심치 않게 이런 경우가 발생합니다. 가해자의 지인이나 친구였던 목격자들이 "피해자가 취하지 않았다", "피해자가 가해자에게 호감을 표시했다", "피해자가 가해자에게 먼저 성적인 스킨십이나 행동을 했다"라고 진술했는데 사실은 이것이 허위로 드러나는 경우입니다.

일단 수사기관에서는 가해자의 친구들, 피해자의 친구들의 말을 곧이곧대로 믿지는 않고 의심을 하고 접근합니다. 이들의 카톡이나 단톡, SNS 내용 등 보강을 추가 증거 없이 쉽게 이들을 말을 믿지는 않습니다.

수사기관에서 목격자로서 거짓말을 하는 경우, 우리나라는 처벌할 규정은 없습니다만, 허위 진술이 드러날 경우 목격자인 참고인이 가해자와 공범으로 몰려 조사를 받을 가능성은 있습니다. 수사기관에서 목격자가 거짓말을 한 것이 드러나면 목격자가 도우려던 가해자나 피해자에게 오히려 수사상황은 불리하게 돌아갑니다. 특히 가해자의 부탁으로 허위진술을 했다면 가해자는 형량이 늘어나게 될 것입니다. 그 누구든 거짓말은 금물입니다.

수사와 재판에 관여하는 사람들은 마치 직업병이라도 있는 것처럼 다른 사람의 말을 일단 의심부터 합니다. 거짓말 하는 사람들을 너무 많이 보았기 때문이겠지요.

VI

———————————— • ————————————

거 짓 말

IV

VI

거짓말

1. 거짓말은 안 된다.

경찰 조사 과정이건 법원 재판 과정이건 상관없이 피해자가 가장 깊이 인식해야 할 것은 "거짓말은 안 된다"는 것입니다. 중요하다고 생각되는 부분, 사소하다고 생각되는 부분에 모두 거짓말은 안 됩니다. 때로는 사건의 진실보다 누가 수사와 재판 과정에서 거짓말을 했는가가 더 중요한 문제로 부각될 수도 있습니다.

피해자를 조사하는 사람은 밥만 먹고 성폭력 사건만 수사하는 수사관이고 사건 조사는 한 사람의 수사관만 관여하는 것이 아니라 같은 팀의 수사관 전부가 사건을 공유하고 의견을 공유합니다. 베테랑 수사관 여러 명이 다양한 시각에서, 다양한 연륜으로 한 사건을 조사합니다. 검사는 어떠합니까? 판사는 또 어떠합니까? 피해자가 거짓말을 한 경우, 그리고 그것이 거짓임이 드러나는 순간 수사와 재판은 피해자에게 불리해지고, 심지어는 무고죄로 역공을 당할 수도 있습니다. 거짓말은 안 됩니다.

2. 짬뽕 모텔 사건

준강간 사건으로 피해자 조사에 참여한 적이 있습니다. 피해자는 가해자와 처음 만나 저녁을 먹고 술을 마시고 이후 기억이 없었고 다음날 깨어보니 모텔이었다고 말했습니다. 경찰에서 연락이 왔고 피해자에 대한 두 번째 조사가 필요하다고 했습니다. 가해자는 피해자와 합의하여 모텔에 갔고 피해자는 당시 정신이 멀쩡했다고 주장했다고 합니다.

결국 피해자는 두 번째 피해자 조사를 받았고 저는 변호인으로 참여하였습니다. 경찰은 모텔 CCTV를 보여주었습니다. 피해자와 가해자는 팔짱을 끼고 계단을 올라가 2층의 모텔방으로 이동했는데, 피해자는 하이힐을 신었고 비틀거림 없이 똑바로 계단을 올라가고 있었습니다.

또 증인이 있었습니다. 바로 이 모텔의 직원입니다. 이 직원은 피해자를 기억했습니다. 피해자와 싸웠기 때문입니다. 사건 당일 피해자가 카운터에 전화해 "짬뽕을 주문해달라"라고 요구했고 이 직원은 "나는 이 주문을 해줄 수 없으니 알아서 하라"고 말했다고 합니다. 기분이 상한 피해자와 직원은 전화로 싸웠습니다. 그래서 모텔 직원은 이 피해자를 아주 잘 기억하고 있었고, 그날 새벽 피해자는 아주 정신이 멀쩡했고, 말도 정확하게 하고, 심지어는 조리 있게 따졌다고 말했습니다. 그래서 이 사건 이름이 짬뽕 모텔 사건입니다.

이 사건 발생 당시 피해자의 의식이 명확한 상태임이 드러났고 거짓말이 드러났습니다. 이 사건은 피해자가 무고죄로 처벌까지 갈 수 있을 정도로 위험한 상황이 되었습니다.

3. 피해자의 거짓말

불륜을 저질렀는데, 남자 친구나 남편이 이 사실을 알았을 때 이를 무마하기 위해서 경찰에 성폭력을 당했다고 신고를 하는 경우가 있습니다. 경찰은 그래서 성폭력 피해자 조사 때 피해자가 자발적으로 경찰 신고를 했는지, 친구의 도움을 받았는지, 남편이나 남자 친구를 만난 이후에 신고하였는지, 피해자는 신고 생각이 없었는데 외부인의 영향을 받아서 신고하게 된 것인지를 자세히 물어봅니다. 준강간죄에서 피해자의 의식이 어느 정도의 시간 동안 없었는지도 진실을 가르는 중요한 기록입니다.

술에 취해 정신이 없었다는 피해자가 모텔에 들어가자마자 10분도 안 되어 걸어 나와 경찰에 신고를 했다면 사건 당시 심신상실 사태에 있었다는 피해자의 주장은 믿기 어렵습니다.

회식을 다녀오는 길, 봉고차 뒷좌석에서 강제추행을 당했다고 주장한 피해자가 있었습니다. 앞 좌석에는 다른 직원들도 있었고 가해자와 피해자가 봉고의 맨 뒷좌석에 나란히 앉아있었습니다. 피해자는 당시 "도와달라고 소리를 질러 목이 쉬었고 다음날 목이 아파 병원까지 갔다"라고 진술했는데, 이 봉고차 안에서 피해자의 말을 들은 사람은 아무도 없었습니다. 15분 정도 이동하는 차 안에서 6명이 넘는 다른 직원들은 피해자의 구조요청을 전혀 듣지 못한 것입니다.

문제는 성추행을 당했다는 진술이 아니라 피해자가 도와달라고 여러 번 소리쳤다는 부분이었습니다. 판사는 피해자에게 소리를 어느 정도로 크게 질렀느냐고 질문을 하였는데 피해자는 다음날 목이 아파 병원에 갈 정도로 소리를 질렀다고 구체적으로 말을 했습니다. 결국 피고인이 무죄판결을 받았습니다. 판결문에서 판사는 피해자는 봉고차 내에서 3, 4번 도와달라고 소리를 질렀고 다음날 목이 쉬어 병원까지 갈 정도였다고 주장하나 이는 믿을 수가 없고, 피해자의 강제추행 주장도 믿을 수 없다고 판단하였다.

강제추행의 진실은 무엇일까는 알 수 없습니다. 그러나 적어도 피해자가 봉고차 안에서 소리를 질러 목까지 쉬었다고 말한 것은 진실이 아니거나 과장되었을 가능성이 있습니다. 상황에 대한 진술에 대한 의심이, 사건 전체에 대한 의심으로 바뀐 경우입니다.

결론적으로는 피해자는 자신이 경험한 사실을 과장하기보다는 덤덤하고 담백하게 진술하는 것이 필요합니다. 피해자가 큰 소리까지는 아니었고 작은 소리로 말했을 가능성은 있습니다. 당시 차에는 라디오가 흘러나오고 있었고 비도 왔다고 했으니까요. 소리가 작았으면 주변 사람들이 듣지 못할 수도 있었을 것 같습니다. 그러나 피해자가 목이 쉴 정도로 소리를 질렀다고 진술했기 때문에 이를 받아들이기는 어려웠습니다. 소리를 지른 것과 말을 한 것, 작은 소리로 말한 것은 다르기 때문입니다.

어떤 준강제추행 피해자는 가해자를 처음 본 날, 가해자가 자신을

슬기로운 피해자생활

식당 골목길 벽 쪽으로 데리고 갔고, 당시 자신은 술에 취해서 정신이 없었다고 했습니다. 그런데 이 골목길에서 가해자가 자신의 허리 아래쪽을 만지자 '너 죽었다. 내가 가만있지 않을 거다'라고 생각을 하고 가해자를 밀치고 갑자기 뛰어나와 경찰에 준강제추행으로 신고했습니다. 피해자와 가해자가 함께 골목길 안쪽에 있었던 시간은 매우 짧았고, 경찰은 피해자의 진술에 의문을 가졌습니다. 피해자는 강제추행을 당한 골목길에서 의식이 없었다고 했는데 어떻게 금방 의식이 돌아와 경찰 신고를 했을까가 경찰의 의문이었습니다. 식당에서 골목길까지 몇 분 동안은 피해자가 정신이 없었고, 피해자는 가해자가 이끄는 대로 골목길까지 들어갔는데 갑자기 정신이 든 피해자가 뛰어서 이 장소에서 나온 것이 이상하다는 것입니다.

경찰은 피해자가 "내가 가만두지 않겠다"는 생각을 한 것도 이상하다고 했습니다. 만취하여 정신을 잃은 사람이 갑자기 정신이 들어 생각을 하고 똑바로 뛰어 현장을 빠져나오는 것이 의문이고, 이 사건 피해자를 만취하여 심신상실에 처한 준강제추행 피해자라고 보기 어렵다고 판단했습니다.

물론 이것 이외에 식당에서 두 사람이 보여주었던 스킨십, 피해자의 가해자에 대한 호감의 말들, 주변 사람들의 진술과 피해자의 말이 다른 것도 한몫하였습니다. 가해자에게 관심이 없었다는 피해자의 주장과는 반대로 당시 같은 자리에 있었던 대부분의 사람들, 피해자의 친구들조차 피해자가 먼저 가해자에게 스킨십을 했고, 가해자에 대한 호감을 표현하였다고 진술했습니다. 이 사건은 결국 무혐의 처분이 났습니다.

4. 무고죄로 처벌되나요?

저는 10년이 넘는 기간 동안 대충 1,000여 건이 넘는 성폭력 사건을 담당했습니다. 이 중 성폭력 피해자가 무고죄로 수사받는 경우가 3건 정도 있었습니다. 성폭력 피해자들은 혹시 성폭력 사건 신고했다가 증거가 없어 무혐의나 무죄판결이 나오면 피해자 자신이 무고죄로 처벌받을까 두렵다고 합니다. 그러나 성폭력 피해자가 무고죄의 피의자가 되는 사건은 정말 많지 않습니다. 그래서 피해자에게 "거짓말을 한 경우가 아니면 설사 성폭력 사건에 대하여 증거가 없어 무혐의가 나오고, 무죄판결이 나와도 피해자가 무고죄로 처벌받는 경우는 거의 없습니다"라고 말합니다. 무고죄에는 무고죄의 증거가 필요하기 때문입니다.

다만, 가장 중요하게 생각할 것은 피해자가 거짓말을 했는가의 문제입니다. 명백하게 피해자가 거짓말을 한 증거가 나올 경우 피해자는 무고죄로 처벌될 가능성이 높습니다. 피해자 앞에 있는 경찰이나 검사, 판사들은 피해자에게 친절하게 대하려고 노력하지만 이들은 수사와 재판을 할 권리가 있는 사람들입니다. 이들을 대상으로 사소하더라도, 가볍더라도 거짓말은 피해자에게 치명적입니다. 일단 종이로 된 피해자의 진술조서와 증인신문조서에 문자로 찍힌 피해자의 말은 매우 중요한 증거입니다. 이와 반대되는 명확한 증거의 등장은 피해자에게 경고신호입니다. 다시 한번 거짓말은 안 됩니다.

슬기로운 피해자생활

5. 가해자여 거짓말하지 마라

성폭력 사건의 가해자(피의자)들이 경찰 조사에서 거짓말하는 경우는 구속으로 가는 지름길이라고 말하고 싶습니다. 피해자의 피해사실을 인정하고 미안하다고 말하고 용서를 빌면 비교적 가벼운 처분으로 빠르게 끝날 일을 피의자가 괜한 거짓말로 사건을 꼬이게 만드는 경우가 꽤 있습니다.

피해자가 사는 원룸 건물 1층 입구에 피해자를 따라 들어와 피해자의 목을 조른 사건이 있었다. 피해자는 피의자가 피해자를 뒤에서 안으면서 가슴을 만졌다고 진술하였고 피의자는 피해자가 자신의 지갑을 훔쳐간 줄 알고 술에 취해 실수한 것이라고 말했습니다. 가해자는 구속되었습니다.

가장 흔한 가해자의 거짓말은 "저는 피해자와 성관계를 가지지 않았다", "모텔에 들어간 것은 사실이지만 그냥 잤다"라고 주장하는 경우입니다. 피해자의 음부에서 피의자의 정자가 검출되면, 피해자의 가슴에서 피의자의 타액이 검출되면 이것으로 이 사건은 끝이 난 것입니다. 담당수사관님이 말했다. "아니, 변호사님 정말 답답하네요. 왜 가해자가 거짓말을 하는지 모르겠어요. 서로 좋아서 그냥 성관계를 했다고 하면 차라리 크게 문제없었을 텐데, 거짓말하고 구속까지 되고 참 답답합니다"라고.

피의자들이여, 거짓말하지 말라. 피의자의 거짓말도 피의자 신문조서에 문자로 박혀 경찰, 검사, 판사까지 피의자가 거짓말했다는 사실을 계속 확인하게 됩니다. 왜 뻔히 드러날 일을 왜 거짓말을 해서 구속까지 되고 중형까지 선고받는지, 변명의 여지가 없고 선처의 여지도 없습니다.

가해자가 거짓말까지 하면 피해자와의 합의도 어렵습니다. 어느 피해자가 거짓말까지 한 가해자를 용서하고 합의까지 하겠습니까? 합의금이 따따블로 뛰거나 합의가 불가능하게 됩니다.

6. 가해자의 거짓말들

"산부인과에 가서 임신했는지 확인해 봐."라는 문자를 보냈는데 성관계가 없었다고 주장하는 경우, "나는 사진을 찍은 적이 없다"라고 주장했는데 가해자의 핸드폰에 피해자의 부적절한 사진들이 발견된 경우도 있습니다. 사건이 발생하고 피해자에게 "미안하다"는 사과문자만 100개 정도 보내 놓고 "나는 피해자를 어찌한 적이 없다"고 주장하는 경우도 있습니다.

잠자고 있는 피해자의 성기를 촬영하다가 피해자가 이를 발견했습니다. 피해자는 가해자의 핸드폰을 손으로 쳤는데 이때 여관의 벽 사진이 찍혔고, 가해자는 여성의 성기를 보려고 핸드폰 조명을 켰을 뿐 카메라 기능을 켠 적이 없다고 말합니다. 그러면 왜 여관 벽이 가해자의 핸드폰으로 찍혔을까요? 저절로 피해자의 핸드폰을 칠 때 카메라 기능이라고 작동시켰나요? 이런 변명은 말이 되지 않습니다.

별별 거짓말들이 수사기관과 법원에서 들려옵니다.

우리는 핸드폰이 있는 세상, CCTV가 있는 세상, 유전자 검사가 가능한 세상에 살고 있는데 당신의 거짓말이 언제까지 생명이 있을 것 같은가요?

7. 거짓말로 합의한 가해자

검찰 단계에서 피해자와 가해자가 합의를 한 경우가 있었습니다. 가해자가 자신의 준강간 사실을 인정하고 피해자에게 "미안하다, 준강간을 인정한다"는 사죄편지를 직접 써서 피해자에게 전달하였고 이후 합의가 이루어졌습니다.

그런데 가해자가 법원에서 자신의 무죄를 주장하였습니다. "기억이 안 난다"는 것입니다. 피해자에게는 준강간을 인정하고 합의를 해놓고 나니 이번에는 무죄가 받고 싶어졌던 것일까요? 처음부터 이런 목적으로 합의를 한 것일까요? 아니면 이미 합의까지 한 피해자가 크게 항의하지 않을 거라고 판단하고 이렇게 행동한 것일까요?

저는 이미 검찰에 피의자가 자신의 범행을 인정하는 것을 전제로 피해자가 합의에 응한 과정을 자세하게 적은 의견서를 제출하였습니다.

그런데 법원의 양형담당관이 저에게 "피고인이 공소사실을 부인하고 있는데 합의가 이루어진 것이 맞나요?"라고 전화를 했습니다. 이곳은 인천지방법원이었는데 저는 인천 재판까지 가서 피고인이 법원 단계에서 무죄를 주장하고 있다는 사실을 확인하고 피해자에게 알렸습니다.

피해자는 길길이 뛰면서 "합의금 당장 돌려줄 테니 합의를 무효로 해달라"고 요구했고, 이런 피해자의 의사는 그대로 법원에 전달되었습니다. 가해자가 피해자 쪽에 보냈던 준강간 인정의 사죄편지, 가해자의 변호사와 제가 주고받았던 문자내역까지 법원에 추가 제출했고, 가해자의 뻔뻔한 거짓말을 법원도 알게 되었습니다. 피해자는 합의 취소를 원하는 엄벌 탄원서를 법원에 제출했습니다.

피고인은 술에 취하여 정말 사건이 기억이 안 난다고 주장했지만, 이 사건이 발생한 모텔 CCTV를 통해 거짓말임이 밝혀졌습니다. 범행 직후 피고인은 바로 모텔방에서 나와 한참 복도를 서성거리고 머리를 쥐어짜다가 다시 모텔방으로 들어갔으니까요.

모든 재판에서 피고인은 검사의 공소사실에 대하여 자신의 의견을 밝혀야 합니다. 인정하든지 부인하든지 둘 중에 하나만 있습니다. 자신은 당일이 기억이 나지 않으나 피해자의 진술과 여러 증거를 보니 공소사실을 인정한다 할 수도 있고, 자신은 당일 기억이 나지 않고 피해자의 진술을 믿을 수 없고 검사가 제출한 증거도 인정할 수 없다고 검사의 공소사실을 부인한다고 할 수도 있습니다.

둘 중에 하나, 중간은 없습니다. 이 대답은 회피할 수도 없습니다. 공소사실 인부에 대한 법적 책임은 오로지 피고인 자신이 지는 것입니다.

결국 이 사건의 가해자는 구속되었습니다. 이때 저는 피해자의 변호사로서 이 사건의 피고인의 변호사를 이해하기 어려웠습니다. 죄를 인정한다고 피해자와 합의까지 해놓고 이제 와서 판사 앞에서 공소사실을 부인하다니, 자신의 의뢰인을 감옥으로 떠밀고 있는 형국이 아닌가요.

차라리 협의를 하지 말던가. 그리고 합의를 했으면 공소사실을 그냥 인정하던가. 이게 무슨 짓이란 말입니까? 피해자가 이러한 가해자와 가해자 변호사의 행태를 알고도 가만히 있을 거라 생각했을까요?

요즘 피해자들은 절대 참지 않습니다. 피해자는 바보가 아닙니다.

만약 합의할 때 가해자로부터 준강간을 인정한다는 사죄편지를 받아두지 않았으면 어떻게 되었을지 끔찍합니다. 요즘 성폭력 가해자의 변호사들은 일단 어떻게 해서든 피해자로부터 합의서를 받아낸 이후에 무죄까지 받는 것을 소송 전략으로 삼는 것일까요? 매우 위험한 전략이라고 말하고 싶습니다.

8. 피해자에게 거짓말을 해달라는 사람들

준강제추행 사건이었습니다. 가해자와 피해자는 합의를 했는데, 가해자의 변호사는 피해자에게 "사실은 내가 그렇게 의식이 없었던 것은 아니었다"는 식의 진술서를 써달라고 요구했습니다. 강제추행 사건에서 "가해자가 일부러 피해자의 가슴을 만진 것이 아니라 술에 취해 넘어지다가 실수로 스쳤다"고 다시 진술해달라는 변호사도 있었습니다. 정말 위험한 일입니다. 피해자의 기존 진술을 뒤집는 추가 진술은 피해자의 1차 진술이 거짓말이었다고 인정하는 결과가 되고, 피해자가 무고죄로 조사받게 될 수도 있습니다.

뻔뻔하고 당당하게 피해자에게 거짓진술을 요구하는 사람들이 있습니다. 합의를 하던 안하던 가해자가 불쌍하고 가해자의 앞날이 걱정되어도 피해자 여러분 이런 요구 그대로 하시면 절대로 안 됩니다.

VII

————————— • —————————

피해자의 질문들

VII

피해자들의 질문들

1. 저는 증인으로 나가게 되나요?

경찰 조사를 받을 때 피해자가 국선변호사에게 묻습니다. "변호사님. 저는 나중에 법정에 나가나요?" 정확한 답은 "저는 모릅니다"입니다. 그리고 "며느리도 모릅니다"입니다. 왜일까요?

보통 법정에서, 피해자와 관련된 증거를 피고인이 부인하면 판사는 피해자 관련 증거를 볼 수 없습니다. 그래서 검사는 피해자를 증인으로 불러 이 관련 증거들을 확인하고 판사에게 증거로 제출하게 됩니다. 그래서 피해자는 눈물을 머금고 피고인 필벌의 의지로 법정에 나와 "이 진술서는 제가 쓴 것이 맞습니다", "이 경찰신문조서는 제가 조사받고 확인하고 서명 날인한 서류가 맞습니다"라고 말을 해야 합니다. 피해자가 증인으로 법정에 나오는 제1의 이유는 사건 설명이 아닙니다. 그동안 경찰에서 검찰에서 조사받은 자신과 관련한 서류를 판사가 볼 수 있게 하기 위한 것입니다. 그래서 경찰 수사단계에서 피해자가 법정에 증인으로 나가게 될지는 아무도 모릅니다. 판사님도 검사님도 수사관님도 저도 모릅니다. 가해자가 어떤 태도를 보이느냐에 달린 문제입니다.

물론 증거에 상관없이 피해자를 증인으로 부르는 경우도 가끔 있습니다. 피해자의 증언을 꼭 들어봐야겠다는 판사의 검사의 또는 피고인 변호사의 요구에 따른 것이지요.

2. 가해자는 범행을 인정하나요?

피해 진술이 끝나면 피해자는 과연 가해자가 어떻게 나올까 궁금해합니다. 범죄를 인정하고 깔끔하게 사과를 할지, 아니면 뻔뻔하게 죄를 부인할지 궁금해합니다. 피해자의 국선변호사가 경찰과의 통화를 하면서 가해자 쪽의 입장을 넌지시 알아볼 수는 있지만 담당수사관이 입을 닫는다면 공식적으로 경찰 수사단계에서 피의자의 태도를 알기는 어렵습니다.

3. 가해자는 뭐하는 사람인가요?

성폭력 사건은 이미 피해자가 알던 사람이 가해자인 경우가 있고 이 경우에는 피해자와 가해자가 서로의 신상정보를 알고 있습니다. 그러나 성폭력 사건이 길거리, 공중화장실, 지하철, 혹은 모텔 등 모르는 낯선 사람에 의해 발생하는 경우, 채팅앱 만남이나 SNS를 이용하여 가명으로 만나 사건이 발생한 경우는 서로의 신상을 알 수 없습니다.

피해자는 가해자가 궁금합니다. 나이, 직업, 전과 여부를 알고 싶어 합니다. 그러나 수사과정에서 피해자는 가해자에 대한 정보를 알 수 없고, 가해자 역시 피해자에 대한 정보를 알 수 없습니다.

다만 가해자에 대한 신상정보는 재판이 시작되고서 법정에서 알 수 있습니다. 피고인의 이름, 직업, 나이, 주소, 동종의 전과 사항은 공소장에 적혀 있습니다. 그러나 피해자의 국선변호사는 공소장을 복사할 수 있으나 피고인의 신상 내용을 지우고 받는 경우가 대부분입니다. 다만 법정에서 재판할 때 판사님이 피고인에게 인정신문을 하는 과정에서 가해자의 이름, 나이, 직업, 주소 등을 묻고 피고인이 대답할 때 피고인이 어떤 사람인지 대충 알게 됩니다.

4. 사건은 언제 끝이 나나요?

피해자 조사가 끝이 나면 피해자들은 앞으로 사건이 어떻게 진행되는지, 시간은 얼마나 걸리는지를 궁금해합니다. 오늘 피해자 조사를 하고 내일 가해자 조사를 하고 그 다음 날 바로 재판을 시작하면 좋으련만 현실은 그렇지 않습니다. 시간이 걸립니다. 또 수사기간은 정해진 기간이 딱 있는 것도 아닙니다. 증거조사에 오랜 시간이 걸리는 경우 경찰에서만 1년 정도 사건을 끄는 경우도 있었습니다. CCTV 확인에 시간이 걸리는 경우, 피해자가 아이나 장애인이어서 범죄일시를 정확하게 특정하기 어려운 사건인 경우가 그렇습니다.

경험적으로 최소 경찰에서 2달 정도, 검찰에서 2달 정도, 1심 법원에서 6개월 정도 걸리는 것 같습니다. 이건 정말 대충의 기준이고 최소한의 시간입니다. 다만 피의자가 구속된 경우는 사건 진행이 빠르게 됩니다.

피해자 조사는 기억을 떠올려 진지하게 받으시고 가급적 사건을 정리해서 적어 보관하시고 이후에는 사건에 대해서는 좀 잊으시기를, 자신의 일상을 잘 영위하시길 바랍니다. 직장생활, 친구 관계 등등 크게 변화를 주지 마시고 생활하시는 것이 좋습니다. 다만 정신적인 타격이 너무 심한 경우 심리 상담을 하시는 것이 좋습니다.

하루 종일 또는 한 주에 몇 번씩 사건이 어떻게 진행되고 있냐고 문의하시는 분들도 있습니다. 피해자가 사건을 자주 확인한다고 수사가 빨리 진행되는 것은 아닙니다. 사건 체크는 한 달에 한 번이나, 두 달에 한 번 정도 하시면 충분합니다.

5. 제 피해는 어디에서 보상받나요?

가해자나 가해자의 가족이 상식적인 사람들이라면 보통은 자신의 죄를 인정하고 합의를 시도합니다. 피해자의 국선변호사에게 연락하여 사과편지도 주고 합의금을 제시하기도 합니다. 많은 사건이 이런 식으로 진행됩니다. 피해자의 변호사는 성폭력 사건의 피해자가 금전적 보상까지 받게 되면 진짜 사건이 끝나는 느낌이 들곤 하지요.

한편 정말 이해가 안 가는 가해자들도 있습니다. 범죄현장이 CCTV에 버젓이 찍혀 있어도 범죄를 부인하고 법정에 피해자가 나와 증언하게 상황을 만듭니다. 합의 요청은 당연히 없습니다. 이런 사건의 피해자는 정말 열불이 납니다. 이런 경우 피해자는 형사재판 1심에서 유죄 판결이 나오고 혹은 그 이후에라도, 민사소송을 제기해서 손해배상을 받을 수 있습니다. 피해자는 이런 생각이 듭니다. 범죄 피해도 억울한데 손해배상을 받으러 민사소송까지 해야 한다고요?

만약 가해자가 노숙자와 같이 경제력이 없다면 민사 판결문을 받고도 정작 돈을 손에 쥐지 못하는 경우도 있습니다. 그래서 성폭력 피해자의 손해배상은 가해자가 누구냐에 따라, 그 가해자가 경제력이 있느냐에 따라, 그나마 그 가해자가 양심이 좀 있느냐에 따라, 가해자를 아끼는 가족이 있느냐에 따라 그 액수가 달라집니다. 더심하게는 손해배상금을 실제로 피해자가 받을 수 있는지 여부도 달라집니다.

가해자의 폭행으로 피해자가 다치고 병원비나 수술비 등이 들어가는 경우도 있었습니다. 피해자의 안경이 날아가 부서지거나, 피해자의 눈에 렌즈가 찢어져 상처가 나는 경우도 있었습니다. 가해자가 피해자의 가슴을 만지고 도망가면서 피해자를 밀었는데, 피해자가 길거리에 쓰러져 치아를 다치는 경우도 있었습니다. 이런 손해들이 다 배상금에 포함이 됩니다.

피해자의 정신적인 고통도 다 배상금에 포함이 됩니다. 우리나라 법원은 위자료 액수 인정에 인색하긴 하지만 그나마 성폭력 사건에서는 좀 더 높은 위자료를 인정하는 듯합니다.

VIII

피해자 보호와 지원

VIII

피해자 보호와 지원

1. 스마트하게 스마트와치

성폭력 신고를 하고 나서 가해자가 피해자를 위협하는 것이 우려되는 경우가 있습니다. 이때는 경찰에 스마트워치를 요청하는 것도 방법입니다. 누르는 동작 하나로 신고가 되고 위치추적이 됩니다. 경미한 범죄에서까지 허용되지는 않겠지만 그래도 피해자를 보호하는 매우 좋은 방법이라고 생각합니다.

다만 고장률이 좀 높고 충전기를 따로 구입해야 하는 단점이 있습니다. 그리고 눌러도 잘 작동이 안되는 경우가 있고 잘못 눌렀을 때 상황이 좀 민망하게 경찰이 출동하는 경우도 있다고 합니다. 그래도 피해자의 안전이 최선이니까 받아 두는 것이 든든하겠지요.

2. 이사비 지원받아요

피해자의 집에서 성폭력 사건이 발생한 경우 검찰청에 신고해서 이사비를 지원받을 수 있습니다. 여학생이 원룸에서 혼자 살다가 가해자가 이 여학생의 집으로 침입하여 강간을 한 사건이 발생하였습니다. 이 집에서 어떻게 피해자가 계속 살아갈 수 있을까요? 대부분의 피해자들은 본가나 친구 집으로 이사해버립니다. 이때 이사비 정도의 지원은 검찰청에서 해줍니다. 사실 피해자가 살던 집은 대부분 전세나 월세이기 때문에 계약기간도 남아 있고 새로운 세입자로 구해야 하는 문제도 생기고 해서 피해자가 당장 이사하는 것이 쉽지 않습니다. 주거침입강간 미수 사건이 발생한 경우 피해자가 "이사한 지 얼마 안 돼서 그냥 어쩔 수 없이 살고 있다"라고 말하는 경우도 있었습니다.

3. 접근금지

피의자가 피해자의 거주지 직장 또는 핸드폰이나 전화, 문자나 카카오톡 등 접근하지 못하게 조치하는 것도 가능합니다 이것은 가해자로부터의 어떤 위협이 존재했을 경우에 가능한 조치이고, 그냥 막연히 피해자가 가해자가 무섭다, 찾아올 것 같다는 생각만으로 접근금지 명령이 나지는 않습니다.

가해자가 피해자와 서로 아는 사이였는데 성폭력 사건이 발생했고 피해자가 사건 신고 후 가해자로부터 위협적인 문자나 전화를 받

슬기로운 피해자생활

는 경우, 당연히 접근금지 신청이 가능합니다.

4. 순찰 강화와 CCTV 설치

피해자의 집 근처에 경찰 순찰을 강화하거나 CCTV 추가 설치를 요구할 수도 있습니다. 이 결정은 무슨 심의위원회 회의를 거쳐야 하기 때문에 즉각적인 실행이 어렵고 진짜로 설치되는지는 두고 봐야겠지만 그래도 일단 신청해볼 만합니다.

5. 피해자와 피해자의 가족에 대한 심리상담

많은 피해자들이 심리상담 지원을 받고 있고 상당히 큰 도움을 받았다고 말을 하고 있습니다. 피해자는 피해자의 주거지나 근무지 근처의 성폭력 상담소, 각종 상담소와 연결되어 심리상담을 받고, 2년 이상 장기간 상담을 받으시는 분들도 있습니다. 다만 주말이나 야간 상담이 잘 안 되는 경우도 있습니다. 이런 기회를 통해 정신건강도 점검받고 전문가의 도움을 받으시는 것을 적극 추천합니다. 특히 피해자가 아동인 경우, 부모님도 상담을 많이 받습니다.

상담확인서 심리상담 결과보고서 등은 형사재판 진행 중에 피해자 쪽이 제출하는 중요한 증거가 됩니다. 피해자의 외상 후 스트레스 장애진단서를 발급받으면 가해자의 죄명을 강간에서 강간치상으로, 강제추행에서 강제추행치상으로 바뀌기도 하고, 형량이 올라가기도 합니다. 민사소송에서는 소멸시효를 판단할 때 피해자에게 유리한 증거가 됩니다.

IX

가해자들에게

XI

IX

가해자들에게

1. 피해자에게 연락하지 마세요

피해자가 경찰 신고를 하든 고소장을 날리든, 성폭력 사건이 시작되면 피고소인, 즉 가해자로 지목된 사람들은 경찰로부터 이런 안내를 받습니다. "절대 피해자에게 연락하지 마세요. 성폭력 2차 피해입니다." 그래서 가해자들은 피해자에게 전화를 하거나 연락을 하지 않습니다. 가끔 어떤 피해자는 이런 사정을 모르고 "가해자가 사과 한마디 없는 것이 더 괘씸하다"라고 말씀하십니다.

그런데 가끔 간 큰 가해자들이 피해자에게 전화해서 변명을 하거나 합의를 요구하기도 합니다. 가해자의 부모가 피해자에게 연락을 해와 식겁한 적도 있습니다. 혹은 가해자가, 가해자와 피해자가 같이 아는 지인들을 통해, 피해자에게 연락하기도 합니다. 태권도장 원장님도 있었고, 피해자의 친구도 있었고, 피해자의 옆 상가 아줌

마도 있었습니다. 피해자분들 이런 일이 생기면 바로 즉시 당신의 국선변호사에게 전화하세요. 저는 '오지라퍼'인 그 사람에게 전화하여 다시는 이런 전화를 못하게 합니다. 조용한 목소리로 "성폭력 2차 피해이니 나서지 말라"라고 경고합니다. 변호사의 전화를 받고 또 피해자에게 연락을 시도하는 사람은 아직까지는 없었습니다. 또한 이러한 사정을 의견서로 써서 반드시 경찰이나 법원에 제출합니다. 이러한 사정은 성폭력 재판에서 양형 참작사유가 됩니다.

제가 맡은 사건 중에 특이한 경우가 있었는데 피해자가 가해자를 직접 만나 사과를 받고 싶어 했습니다. 결국 경찰의 회복적 사법을 담당하는 분 앞에서 가해자와 피해자가 만났고 피해자는 정식으로 사과를 받고 결국 합의도 했습니다. 매우 특이한 경우이기는 했지만 '피해자의 욕구는 정말 다양하구나'라는 생각을 했습니다. 만약 피해자분 중에 가해자를 직접 만나 사고 싶은 분이 있다면 경찰에게, 변호사에게 말을 하셔야 합니다. 수사기관과 법원은 피해자와 가해자가 만나지 않게, 서로 연락하지 않게 움직이기 때문입니다.

그러면 가해자는 사과의 뜻도 피해자 측에 전달 못 하고 가만히 있어야 하는가요? 절대 아닙니다. 가해자는 경찰에 피해자의 변호사의 연락처를 요구하고, 사과문이나 반성문을 전달하고 합의를 요청할 수 있습니다. 그러나 이마저 피해자가 보지 않겠다고 하면 사실 방법은 없습니다. 그러나 가해자의 정성 어린 손편지에 많은 피해자들이 용서를 하고 있습니다.

가해자와 그 가족들, 지인들은 피해자에게 연락하면 안 됩니다. 이러한 행동은 성폭력 그 자체뿐 아니라 추가로 피해자를 괴롭힌 것이 되고, 더 중한 처벌을 받을 수 있습니다. 피고인의 변호사가 피해자에게 직접 연락한 것에 대해서도 항의한 피해자도 있었습니다.

2. 꽃뱀이라 부르지 마라, 멍청이들아!

꽃뱀이라 부르지 마라! 멍청이들아.

술에 취해 거리에 널브러져 있던 여자를, 한 남성이 모텔로 데리고 가 어쩌고저쩌고 하였고 이 여성은 이 남성을 준강간으로 경찰에 신고하였습니다. 남성은 여성을 "꽃뱀"이라고 불렀습니다.

대학의 동아리 회식에서 남자 대학생이 옆에 앉은 여자 후배의 목, 어깨, 등, 엉덩이까지 손으로 훑어 내려 쓰다듬으면서 만졌습니다. CCTV에서도 명확히 범행 장면이 찍혀 있었습니다. 이 피해자는 경찰에 신고를 하였는데 이 가해자가 같은 동아리 선후배들에게 "이 여자후배가 꽃뱀이다, 억울하다"는 말을 하고 다녔다고 했습니다.

성폭력 가해자로 지목되어 경찰조사를 받으면서 피의자가 가장 많이 하는 억울함의 호소는 "여자가 꽃뱀이다", "이 여자가 작정하고 나는 유혹해서 경찰신고를 했다", "여자가 돈을 받으려고 신고했다"라는 말입니다. 많은 가해자들이 너무 쉽게 피해자를 "꽃뱀"이라고 부릅니다. 네이버 어학사전에서는 "꽃뱀"이란 "남자에게 의도적으로 접근하여 몸을 맡기고 금품을 우려내는 여자를 속되게 이르는 말"이라고 합니다.

꽃뱀이라 부르지 마라! 멍청이들아!

피해자는 당신의 성범죄는 용서할 수 있어도 이 말을 용서할 수 없습니다.

당신의 그 입방정 때문에 합의가 안 될 것입니다.

피해자는 꽃뱀이라는 말을 듣고, 당신의 엄벌을 원하는 탄원서를 쓸 것입니다. 쓰고 또 쓸 것입니다.

피해자를 꽃뱀이라 부르는 것을 들었던 친구들은 피해자에게 이 소식을 알리고, 당신은 명예훼손이나 모욕으로 고소당할 것입니다.

민사 소장에 '꽃뱀'이란 단어가 들어가고 위자료 액수가 높아질 것입니다.

꽃뱀이라 부르지 마라! 멍청이들아!

제발 말조심하기 바랍니다. 가해자인 당신 자신을 위해서입니다.

강제추행같이 성폭력 범죄에서는 상대적으로 경미하다고 판단되는 범죄는 대부분 합의에 의하여 사건이 종결됩니다. 가해자는 피해자에게 합의금을 지급하고, 피해자는 합의서와 처벌불원서를 수사기관에 제출합니다. 가해자가 초범인 경우 검사는 보통 기소유예나 교육이수조건부 기소유예처분을 내리게 됩니다. 이것은 전과가 아닙니다. 가해자는 일생에 한 번 정도 이런 선처를 받을 수 있습니다. 그리고 크게 지장이 없이 잘 살아갑니다. 벌금형이나 집행유예와 같은 성폭력 전과가 남는 경우와는 비교할 수 없을 만큼 은혜적인 조치입니다.

그런데 강제추행 피해자들이 유독 강하게, 절대 합의하지 않겠다고 하는 경우가 있습니다. 바로 "꽃뱀"이라는 소리를 들었던 경우입니다. 피해자 입장에서는 가해자가 꽃뱀이라는 말까지 했는데, 합의해서 돈을 받는 것은 부담스럽습니다. 왠지 주변 사람들이 '꽃뱀 맞잖아' 할 것 같은 생각이 든다고 합니다. 가해자가 너무 괘씸하기 때문에 도저히 용서할 마음도 생기지 않는다고 합니다.

그렇습니다. 가해자 입에서 "꽃뱀"이라는 한 단어가 나오는 순간 이 사건의 부드럽고 원만한, 가해자에게 유리한 방식으로의 종결은 그야말로 종결입니다.

꽃뱀이라고 불러라! 멍청이들아!

네이버 어학사전상 "멍청이"는 "아둔하고 어리석은 사람을 놀림조로 이르는 말"이라고 합니다. 피해자를 꽃뱀으로 부르는 당신은 그야말로 진정한 멍청이입니다.

한 대학교에서 동아리의 신입생 환영모임이었습니다. 술에 취한 한 남학생이 자기 옆에 앉은 여학생의 허벅지와 엉덩이를 쓰다듬었던 것입니다. 그런데 피해학생이 강력하게 항의하고 경찰신고까지 하자 남학생은 동아리 친구들에게 피해 여학생이 꽃뱀이라면서 비난했습니다. 호프집에는 CCTV가 있었고 가해자의 추행 장면이 명백하게 찍혀 있었습니다. 이 과정에서 피의자는 합의를 요청했습니다. 아니 애원했습니다. 경찰, 검찰, 재판 1, 2심에서 지속적으로 합의를 요청해왔습니다. 저는 가해자와 그 변호사로부터 10번도 넘게 연락을 받았고, 수십 장의 반성문도 받아 피해자에게 전달하였습니다.

그러나 피해 여학생은 끝까지 합의하지 않았고 이 남학생은 최종적으로 벌금형을 선고받았습니다. 벌금형이라고 우습게 생각하지 마십시오. 벌금형도 성폭력 전과이고, 성폭력 전과는 공직 진출이나 취업에서 상당한 불이익이 됩니다. 이 남학생은 현재 재학 중인 대학교에서의 징계 처분도 받을 것입니다. 20대 청년의 앞길에 강력한 장애물이 생기게 된 것입니다.

재판이 끝나고, 이 여학생은 저에게 말했습니다. "저에게 꽃뱀이라는 말만 안 했어도 합의했을 거예요"라고요.

묻고 싶습니다. 왜 이 사람이 "꽃뱀"이라고 생각하시나요? 가해자들의 대답은 단순합니다. "나를 신고했으니까요." 객관적인 근거도 증거도 없습니다. 성폭력 피해자가 꽃뱀과 동의어라도 되는 것일까요?

1심 유죄판결이 나고 나서, 구속되고 나서 "내가 당신을 꽃뱀으로 불러 마음의 상처를 준 것은 진심으로 반성합니다"라고 사죄 편지를 보내는 사람들도 있습니다. 너무 늦었다고 생각하지 않나요?

3. 고대생 사건

고려대 의대생 사건이 있었습니다. 남학생 몇 명이 동기 여학생에게 강제추행, 촬영 등 성폭력을 저지른 사건입니다. 가해자들은 학교에서는 출교처분(퇴학보다 높은 단계의 처분, 다시는 어떤 이유로든 이 학교에 들어갈 수가 없습니다)을 당했고 징역 2년 6월에서~1년 6월까지를 선고 받기도 하였습니다.

그런데 한 가지 특이한 현상이 있었습니다. 이 가해학생 1명의 어머니가 1심에서 징역 1년을 선고받은 것이지요. 이 어머니는 무슨 죄가 있었을까요? 성폭력 범죄자인 아들을 낳은 죄? 우리나라에 그런 죄는 없습니다.

이 어머니는 대담하게도 대학교 정문에서 피해학생이 평소 행실에 문제가 있었다는 내용의 전단지를 뿌렸습니다. 명예훼손으로 기소되어 1심에서 징역 1년의 실형이 나왔고, 이 일로 아들의 성폭력 재판에서의 형도 중하게 나왔습니다. 이런 것이 성폭력 2차 피해입니다. 피해자는 성폭력뿐 아니라 명예훼손의 피해까지 당하게 되고, 가해자는 형도 중해지고 어머니는 추가로 형사 재판까지 받고 전과자가 되었습니다.

가끔 피해자가 경찰 신고를 하기 전에 가해자와 만나 합의를 보려는 경우가 있습니다. 이런 상황을 가해자가 녹음하여 성폭력 피해자를 공갈로 고소한 사건도 있습니다. 가해자는 자신을 향한 성폭력 조사를 무마할 요량으로 이런 고소를 하였고 이것도 명백히 성폭력 2차 피해입니다.

이 가해자는 초범이었으나 실형을 선고 받았습니다. 감옥에서 성추행과 공갈 고소 행동까지 모두 반성을 해야 할 것입니다. 저는 변호사로서 당시 가해자 측 변호사를 이해할 수가 없었습니다. 변호사라면 목숨 걸고 자신의 의뢰인이 추가 형사고소를 하는 것을 막았어야 했습니다. 벌금형으로 끝날 일을 이렇게 어렵게 만들다니요. 가해자의 의지인지 변호사의 무지인지 한심하다는 생각이 들었습니다.

그리고 피해자분들! 직접 나서서 합의하지 마세요. 너무 위험합니다. 녹음을 당해 꽃뱀으로 몰리거나 이렇게 고소까지 당할 수도 있습니다. 약은 약사에게! 병은 의사에게! 합의는 변호사에게! 가장 안전하고, 이런 억울한 사태를 피할 수 있는 방법입니다.

4. 피해자에게 진술을 바꿔 달라 말하지 마라.

거액의 합의금을 건네고 나서 극히 일부 가해자의 변호인들은 피해자 쪽에 그동안의 진술을 변경해 달라고 요구합니다. 예를 들어 가해자가 내 가슴을 만진 것은 맞지만 술에 취해 쓰러지다가 스친 것이지 일부러 만진 것은 아니었다고 해 달라거나, 사실 당시 피해자가 아주 정신이 없지는 않았고 약간 의식이 있었다고 해 달라고 요구합니다.

피해자에게 거액의 합의금을 주었으니 이런 정도는 피해자가 해 주어야 하는 것 아니냐는 식으로 말을 합니다. 어이가 없지요. 피해자가 혹시 무고로 엮이면 그 책임을 가해자의 변호인이 지는 건가요, 절대 아닙니다.

경찰에서 이미 피해자 조사를 받고 진술하였고, 기존 진술이 사실이라면 피해자는 이미 진술한 내용을 번복하거나 변경해선 안 됩니다. 너무 위험한 일입니다. 성폭력 피해자가 무고죄의 피의자가 될 수도 있습니다.

그러니 이런 일을 대놓고 당당하게 요청하는 일부 변호사들을 보면 정말 화가 납니다. "피해자의 용서를 받았다"에 더하여 거짓으로 무죄 판결을 받아보고자 하는 것입니다. 진실이 아닌 거짓에 근거한 말과 행동은 수사와 재판에서 매우 위험합니다. 이것은 가해자에게도 피해자에게도 마찬가지입니다.

저는 피해자와 상의해서 이러한 사정을 경찰이나 법원에 꼰지르는 의견서를 제출하기도 합니다. 그러나 어떤 피해자는 합의금까지

슬기로운 피해자생활

받았는데 이것을 크게 문제 삼고 싶지는 않다고 그냥 참아달라고 말하기도 합니다.

만약 피해자에게 변호사가 없고, 가해자의 변호사가 직접 피해자를 만나는 경우라면 어떨까요? 가해자의 변호인을 만나 합의하고 가해자의 변호인으로부터 이런 제의를 받는다면 당차게 "노(No)"라고 말할 수 있는 피해자가 과연 있을까요? 저는 피해자에게 국선변호사가 있는 것이 이럴 때 좋다고 생각합니다. 피해자의 변호사는 오직 피해자의 이익을 위해 움직이는 사람이니까요.

5. 부디 예의를

가해자와 합의 때문에 연락을 하게 되면 피해자의 국선변호사의 핸드폰 번호가 가해자와 가해자의 변호인에게 노출되기도 합니다. 어떤 가해자가 밤 11시에 문자하고 전화도 했습니다. "이 시간에 연락하지 말라"고 말해도 대꾸도 없습니다. 피해자를 생각해서 차단할 수도 없고 정말 짜증 나는 상황입니다. 그리고 저는 피해자의 변호사입니다. 왜 가해자가 자꾸 저한테 법률상담을 하려고 하는 걸까요? 예의를 지켜주시기 바랍니다.

가해자의 변호사도 마찬가지입니다. 피해자의 국선변호사에 대해 굉장한 오해를 하는 변호사들도 있는데 피해자와의 합의를 국선변호사가 방해한다고 생각하는 듯합니다. 아니, 도대체 왜? 피해자의 변호사가 피해자의 합의 의사를 막는단 말인가요? 피해자가 원하면 하는 것이고, 피해자가 원하지 않으면 못하는 것입니다. 피해자의 변호사는 피해자의 뜻에 따라 움직입니다. 제발 피국들(피해자의 국선 변호사들)에 대해 엉뚱한 오해를 하지 말아주세요.

슬기로운 피해자생활

X

합　의

X

합 의

1. 합의! 할까요?

합의! 해도 됩니다.

합의를 하면 왠지 피해자 신고의 진실성, 진정성이 훼손될 것 같고, 돈이 목적인 것 같고, 주변 사람들에게 꽃뱀으로 몰릴 것 같다고 말하는 분들도 있습니다.

그러나 괜찮습니다. 범죄피해자가 가해자로부터 합의금을 받는 것은 당연한 것입니다. 민사상 손해배상 청구소송도 가능합니다. 그러나 민사소송은 시간이 걸리고, 판결문을 받더라고 가해자에게 재산이 있느냐 없느냐에 따라 실질적으로 손해배상금을 받을 수 있을지 없을지 모릅니다.

형사 재판 과정에서는, 돈이 없는 가해자라 하더라도 가족들이 합의금을 마련할 수도 있고, 통상적인 손해배상금액보다 더 많은 금액을 합의금을 받을 가능성도 있습니다. 여러 가지 좋은 점도 있지요.

범죄 피해를 입은 사람이 돈으로 보상을 받는 것은 당연합니다. 그리고 저는 피해자분들을 많이 관찰하는데, 합의금을 받으신 이후 많은 피해자들이 평안해진다고 느낀 적이 많았습니다. 합의금을 받고 싶으시다면 변호사에게 당당하게 이야기하세요.

2. 합의! 말까요?

합의를 안 해도 됩니다.

형사합의를 할 것인지 안 할 것인지는 철저하게 피해자의 판단 사항입니다. 내가 합의를 하고 몇 년 후에 후회할 것 같다고 생각되면 합의를 안 하셔도 됩니다. 의외로 피해자의 주변에서 피해자에게 "용서해야 하지 않느냐?"는 말을 너무 쉽게 하는 사람들이 있습니다. "용서"는 좋은 말입니다. 그러나 제3자가 범죄의 피해자에게 용서해라 마라 이런 말을 함부로 하는 것은 적절하지 않습니다. 가장 중요한 것은 가족이나 주변 사람들의 생각이 아니라 피해자 본인의 생각입니다. 너무 흔들리지 마세요.

"합의를 하지 않으면 가해자가 나중에 보복할 거 같아요"라고 말씀하시는 분들도 있습니다. 물론 성폭력 사건에 있어서 보복 범죄도 존재합니다. 방송이나 언론에 나오기도 하지요. 그러나 결코 자주 있는 일은 아닙니다. 제가 맡았던 1,000여 건의 사건 중 보복범죄는 단 1건 있었습니다. 가해자가 정말 내(가해자) 인생 망친다는 생각이 아니라면 보복범죄가 쉽지는 않습니다. 보복범죄는 구속 가능성이 매우 크고, 성폭력 사건 자체보다 중하게 처벌받습니다. 호미로 막을 것을 가래로 막는다는 말이 딱입니다.

손해배상을 받고 싶어서, 정당한 권리를 행사하고 싶어서가 아닌, 가해자가 보복할 거 같아서 합의를 결정하신다면 다시 한 번 생각해 보십시오.

3. 변호사를 통해 합의하라

저는 피해자의 변호사로 피해자나 피해자의 가족이 직접 가해자를 만나 합의하는 것에 반대합니다. 피해자나 피해자의 가족이 흥분해서 거액의 합의금을 요구하거나, 가해자에게 모욕을 주고 무릎을 꿇리거나, 가해자의 직장이나 집으로 찾아가 합의금을 요구하면, 성폭력 사건의 조사가 산으로 갈 수 있습니다. 이 과정에서 공갈 협박, 주거침입, 명예훼손으로 성폭력 피해자를 고소하는 악의적인 가해자도 있고요. 이런 사건에서 피의자가 된 성폭력 피해자가 수사과정에서 받은 스트레스는 엄청납니다. 그냥 변호사의 도움을 받으시길 권합니다.

국선변호사의 업무에는 합의를 도와주는 것도 포함됩니다. 가해자가 피해자의 변호사에게 합의 의사를 밝히고, 국선변호사가 피해자에게 연락하여 전달합니다. 이런 식으로 합의 조건이 조율되고 피해자는 합의서를 작성하여 변호사에게 주고 합의금을 받습니다. 피해자의 변호사가 합의금액을 제시하고 조정하는 것을 누가 뭐하고 하겠습니까? 형사고소를 하겠습니까? 이는 변호사의 업무인데요.

그러나 이런 일을 직접 피해자나 피해자의 가족이나 지인이 나설 경우 오해받을 가능성은 매우 높습니다. 최악의 경우는 성폭력 사건 신고도 하지 않았는데 피해자 측이 가해자를 불러 합의금으로 몇억 원 운운하는 경우입니다. 이 경우는 공갈미수로 역공격 당할 가능성이 높고 성폭력 수사에서도 피해자가 의심받기도 합니다. 특히 구체적인 합의금을 피해자가 먼저, 그것도 통상보다 매우 과다한 구체적인 금액을 말한다는 것은 적절하지 않습니다. 차라리 가만히 있는 것이 낫습니다. 합의는 지혜롭게 그리고 가급적 제삼자인 변호사가 하는 것이 깔끔합니다. 피해자는 국선변호사를 신청하고 국선변호사에게 합의진행을 해달라고 말하면 됩니다.

변호사를 통하여 합의하세요. 먼저 합의금을 제시하지 말고 가해자 측이 먼저 제시한 금액을 대해 좋다 싫다 말만 하라고 조언합니다.

합의가 급한 것은 가해자이지 피해자가 아닙니다. 피해자는 협상에서 유리한 지위에 있어 합의를 서두를 필요는 없습니다. 합의 시도는 통상 경찰, 검찰, 1심, 2심 재판까지 계속 있습니다.

대법원 과정에서는 합의하는 것이 의미가 없는데, 피고인의 양형에 합의가 된 사실이 반영이 불가능하기 때문입니다. 이 과정에서 합의하자는 가해자는 없습니다. 따라서 2심 판결을 앞두고 가해자가 합의요청을 한다면 피해자는 이를 마지막 기회로 여겨야 합니다. 1심 재판에서 가해자(피고인)가 구속이라도 되면 피해자 측의 협상력은 더 증대됩니다.

4. 죄를 인정하면 합의하겠어요!

합의에 조건을 걸 수 있나요?

통상적으로 피해자가 합의하는 가장 중요한 조건은 합의금의 금액, 그리고 가해자의 자필 사과문 정도입니다. 우선 가해자의 사과문을 피해자 변호사가 받아 피해자에게 전달하고 이후 합의금 액수에 대하여 이야기합니다.

대부분의 합의는 가해자가 공소사실을 인정하는 경우에 이루어지지만 그래도 특별히 죄를 인정하는 사죄편지를 받는 것을 조건으로 합의하는 경우도 있습니다.

5. 도대체 합의금 어떻게 정하나요?

어떤 피해자가 저에게 말했습니다. "가해자의 재력 유무에 따라 합의 금액이 달라지는 것은 불평등하다"라고요. 맞습니다. 불평등합니다. 같은 추행 범죄를 당하고 어떤 피해자는 50만 원을 받고 합의하고, 어떤 피해자는 2,000만 원을 받고 합의합니다.

그러나 이것은 바로 현실입니다. 어느 기업체의 사장이 인턴 직원을 새벽 길거리에서 강제추행을 하였습니다. 이 가해자는 두말하지 않고 합의금으로 2,000만 원을 지불했습니다. 제가 개입한 강제추행 사건의 최고액의 합의금이었습니다. 이 사건 가해자는 자신의 명예를 지키고 싶고 나이 어린 피해자에게 정말 미안해 고액합의금을 지불한 것입니다.

가해자의 신분이 군인이거나 공무원, 대기업의 직원이라면 혹은 유명인이라면 자신의 신분상 불이익을 입을 것을 두려워하여 신속하게, 높은 합의금으로 합의를 하려고 합니다. 가해자가 외동아들인 경우도 합의금이 높았습니다.

그러나 우연히 가해자가 노숙자나 가족이 없고 돈도 없는 경우 이분들은 피해자에게 합의를 요청하지도 않았습니다. 돈이 없고 차라리 감옥에 들어가겠다고 말합니다. 대신 도와줄 가족들도 이미 곁에 없습니다. 이들을 상대로 민사소송을 하면 승소 판결문을 손에 쥘 수도 있겠지만, 실제 돈을 받을 가능성은 없습니다.

한 검찰청의 형사조정에서는 강제추행 피의자가 합의금으로 30만 원을 제시하였습니다. "나는 돈이 없고 합의가 안되면 형을 그냥 살겠다"라고 말했습니다. 피해자는 제게 "어떻게 하냐"라고 물어봤습니다. 어떻게 해야 할까요? 강제추행의 합의금 30만 원이라, 확실히 말도 안 되게 적은 금액입니다. 이런 경우 결정은 전적으로 피해자의 몫입니다. 적은 돈이지만 손해배상금으로 받는 것이 나을지, 아예 아무것도 받지 않고 피의자의 형이 조금이라도 더 중하게 나오게 할지, 결정은 피해자의 몫입니다.

피해자가 아동인 경우 합의금은 수억 원이 되기도 합니다. 아동을 상대로 한 끔찍하고 추잡한 범죄, 친족에 의한 범죄, 어린이집 선생님이 가해자인 경우는 합의금액이 상당합니다. 그러나 이런 범죄에서 합의를 한다고 감형이 될까요? 어느 재판부 판사님은 법정에서 "합의해도 형량에 변화가 없다"고 대놓고 말씀하셨습니다.

피해자가 많은 사건인 경우, 예를 들어 어느 대학생이 카메라등이

용촬영죄를 저질렀고 피해자가 수십 명인 경우, 피해자 1인당 수천만 원에서 수억 원까지 합의하는 경우도 있었습니다. 이 남학생이 전도유망한 명문대 학생이고, 부잣집의 외아들이었기 때문입니다.

6. 과다한 합의금 요구

저는 2012년부터 피해자 국선변호사 일을 해왔습니다. 매년 성폭력 사건의 실재 합의금 액수가 꾸준히 증가하고 있습니다. 그러나 어떤 피해자들은 아주 과한 합의금을 요구하기도 합니다. 강제추행 사건에서 수천만 원, 준강간, 강간 사건에서 보통 수억씩 쉽게 말을 하는 피해자도 존재합니다.

인터넷에 형사합의금에 대해 얼마라고 나오는 기사들이 있나 봅니다. 재벌 총수나 유명 연예인 사건 기사입니다. 이런 기사에는 보통 수억 원 단위나 몇천만 원 단위로 합의금 액수가 나와 있고, 이런 기사들을 본 피해자들은 자신도 동일하게 같은 액수를 받고 합의할 수 있을 거라고 생각합니다.

대체 적정 합의금은 얼마일까요? 참 어려운 문제입니다.

저는 보통 피해자들에게 직접 그리고 먼저 합의금 액수를 상대방에게 말하지 말라고 조언합니다. 만약 피해자가 수억 원의 합의금이 아니면 합의하지 않겠다고 가해자나 가해자의 변호사에게 말하면 어떤 일이 발생할까요? 가해자 쪽에서 판사님께 피해자가 이런 요구를 하고 있다고 고자질할 것입니다.

가해자는 "피해자에게 너무 죄송하고 모든 수단을 동원해 피해자에게 보상을 하고 싶으나 피해자가 너무 과다한 합의금을 요구하여 합의에 이르지 못하고 있습니다. 판사님. 저 그렇게 나쁜 놈이 아니에요"라는 뉘앙스로 주장을 하겠지요. 그럼 판사님은 이러한 가해자의 사정이 안타깝다 하시면서 판결문에 한 줄을 씁니다. "피고인이 피해자에게 수차례 합의를 요구하였으나 피해자가 과다한 합의금을 요구하여 합의에 이르지 못한 점"이라고요. 그리고 피고인을 선처할 것입니다.

성폭력 사건을 많이 하고, 합의도 많이 하는 변호사로서 저에게 죄명별로, 경험에서 나오는 대충의 합의 액수가 있을 수 있습니다. 평균적이고 보통의 합의금액의 최저와 최고는 존재합니다. 피해자는 진지하게 자신이 진짜 원하는 액수를 자신의 변호사에게 말하고 이 금액을 가해자 쪽에 노출시켜도 좋을지에 대하여 상담을 받는 것이 좋습니다. 만약 피해자가 진심으로 원하는 합의금 액수가 통상에 비해 너무 높다면 피해자의 변호사는 이 금액을 가해자 측에 밝히면 안 된다고 말합니다. 가해자 측에서 제시한 합의금을 듣고 그냥 "그 금액으로 합의하겠다"라거나 "그 조건으로는 합의가 어렵다"라고 말하면 됩니다.

인터넷에 떠도는 합의금 액수만 보고 같은 금액을 요구하는 피해자분에게는 "보통의 합의금보다 높은 금액입니다. 보통 강제추행에서 합의금이 1,000만 원이 넘는 경우는 많지 않습니다. 가해자가 공무원이거나 기업체 사장이거나 유명인인 경우는 가능하지만 우리 사건 가해자가 유명인은 아니지요"라고 말씀드립니다.

어떤 피해자는 "니가 도대체 누구의 변호사냐"라고 서운해하시고 오해를 하시는 경우도 있습니다. 그러나 판사님 귀에, 검사님 귀에, 경찰 수사관님들의 귀에, 피해자가 합의금 얼마를 운운하더라는 말이 들어가서 좋을 것은 없습니다.

기억해주세요. 피해자가 과다한 합의금을 요구하는 사실을 판사님이 알게 되면, 피해자는 합의하지도 않았고, 합의금을 받지도 않았지만, 마치 합의한 것처럼, 판결에서 가해자가 선처받는 것을 보게 될 것입니다. 이건 피해자에게 좀 억울합니다.

7. 합의서의 작성

합의가 성립하는 경우 피해자는 합의서(처벌불원서)를 작성하고, 이 합의서에는 피해자 본인이 작성하는 것임을 증명하기 위하여 피해자의 신분증, 인감증명서 또는 본인서명확인서가 첨부됩니다. 피해자가 가명을 사용한 경우에도 이런 서류가 첨부되어야 하고 결국 피해자의 합의서는 가명과 본명 모두 들어가게 됩니다. 그래서 이 합의서를 가해자 쪽에 보여주지 않고 피해자 변호사가 직접 경찰, 검찰, 법원에 제출하기도 합니다.

가해자 측도 합의서 작성 여부를 확인해야 합의금을 송금하기 때문에 피해자의 변호사는 이 합의서에서 피해자의 신상 부분을 모두 가리고 가해자의 변호사에게 확인시켜 줍니다.

피해자가 정식 합의서를 작성하지 않고, 성폭력 피해자의 변호사가 의견서로 합의 사실을 수사기관이나 법원에 알리기도 합니다. 정식의 합의 절차로 보기는 어렵지만 합의로 인정받는 데는 문제없습니다.

8. 합의금은 어떻게 받나요?

피해자는 어떻게 합의금을 받을까요? 현금이나 계좌이체 방식으로 받기도 하고 수표로 받을 수도 있습니다. 보통 가해자가 피해자의 은행계좌로 합의금을 입금하면 가장 간명하지만 피해자는 보통 자신의 본명과 은행 계좌번호를 가해자가 아는 것이 꺼림칙하다고 합니다.

이 경우 피해자의 변호사가 변호사의 계좌로 합의금을 받아 피해자에게 전달하기도 합니다. 조금 번거롭지만 피해자의 이름이나 은행 계좌번호가 가해자 쪽에 노출되는 것을 막을 수 있는 장점이 있습니다.

가해자나 가해자의 변호사가 피해자의 변호사에게 합의금을 수표로 전달하고 합의서를 받아가는 방식도 있지만 저는 개인적으로 수표는 받지 않습니다. 수표를 분실할까 봐 무섭기 때문입니다.

피해자가 미성년자인 경우도 보통 피해자 자신 명의의 계좌나 부모 명의 계좌로 합의금을 받습니다. 피해자 지인의 계좌로 합의금을 받을 수도 있으나 지인이 엉뚱하게 세무조사로 걸리는 경우가 발생한 적도 있다고 합니다. 이때 계좌 명의인은 친구의 합의금임을 입증해야 하는데 이 또한 쉽지 않았다고 합니다.

9. 합의하지 않겠습니다

피해자가 일관되게 주야장천 합의하지 않는 경우가 있습니다. 가해자 측의 합의금 제시 금액이 계속 올라 억대로 치솟아도 피해자가 단호하게 합의하지 않겠다고 합니다. 보통 피해자가 여자 대학생의 경우 그리고 가해자가 수사 과정에서 피해자를 속인 경우, 가해자가 피해자를 꽃뱀이라고 욕을 하고 다닌 경우였습니다.

피해자는 합의하지 않으면 잃을 것이 있을까요? 글쎄, 모르겠습니다.

그러나 합의하지 않을 경우, 가해자가 받는 데미지는 매우 확실하고 처절합니다. 감옥을 가야 하고 그 감옥에서 오래 살아야 한다는 것이지요. 합의가 된 경우보다는 확실히 그렇습니다.

10. 합의서

합의서에는 사건번호, 가해자의 이름, 피해자의 이름(가명과 본명), 담당 수사기관이나 법원 이름이 들어갑니다.

합의서의 내용은 "1. 피의자는 자신의 범행에 대하여 피해자에게 진심으로 사과하고, 피해자는 이를 받아들인다. 2. 피의자는 피해자에게 이 사건과 관련한 피해의 배상금으로 금 000원을 지급한다. 3. 피해자는 피의자에 대한 처벌을 원하지 않으며, 앞으로 피의자를 상대로 이 사건과 관련한 일체의 민·형사상 소송을 제기하지 않는다. 4. 피의자는 피해자에게 이 사건과 관련된 어떤 형태의 추가 피해도 입혀서는 아니 된다."라는 문구가 들어갑니다.

가장 중요한 부분은 3번 항목인데, 처벌불원의 의사와 부제소특약 사항입니다. 피해자 중에는 처벌을 원하지 않는다는 문구를 빼기를 원하는 분도 있습니다. 그러나 피해자가 "처벌을 원하지 않는다"는 의사표현도 안 해주면 가해자와 합의가 될지는 의문입니다. 보통의 형사 합의는 범죄 피해자가 가해자로부터 합의금을 받고, 수사기관이나 법원에 가해자 쪽의 선처를 구하는 의사표시를 하는 것으로 이루어지니까요.

11. 합의해도 소용없는 경우

성폭력 사건이 유죄인 경우, 가해자의 입장에서는 피해자와의 합의 이외에는 감형요인이 사실상 별로 없습니다. 그러나 합의를 해도 선처가 되지 않는 경우가 있습니다. 아동과 청소년을 상대로 한 성폭력범죄의 경우인데 매우 마땅한 판결이라고 생각합니다. 합의해도 집행유예로 나오는 경우는 최근에는 잘 보지 못했습니다.

12. 저도 아들 키웁니다.

사법시험을 볼 때 합격이 운칠기삼이라고 누가 말하는 것을 듣고 깜짝 놀란 적이 있습니다. 한 사람의 인생을 결정하는 시험에서 어떻게 운이 7이고 실력이 3밖에 안 되냐, 말도 안 된다고 생각했습니다. 그러나 나이가 들면 들수록, 많은 일을 경험하면서 인생에서 운이 많이 작용함을 발견하고 놀라곤 합니다. 범죄의 처리 과정도 그렇습니다.

적어도 범죄가 일어나는 것, 누가 범죄의 피해자가 되는가는 무작위로 선발되는 그 무엇과 같다는 생각이 듭니다. 같은 범죄 피해라 하더라도 그 이후의 과정이 모두 동일하게 처리되는 것은 아니고 특

슬기로운 피해자생활

히 합의의 문제는 더 그렇습니다.

미성년 성폭력 사건에서 가해자 측이 제시한 합의금이 높지 않아도 희한하게 합의가 쉽게 빨리 되는 경우가 있습니다. 주로 피해자의 부모들이 가해자에 대해 안타까움을 느끼고 있는 경우입니다. 또 피해자 부모에게 아들이 있는 경우입니다. 성폭력 피해자 변호사인 저는 피해자가 좀 더 높은 합의금을 받기 원하고, 가해자 측이 좀 더 제대로 된 사과를 하기를 바라지만, 피해자의 부모가 특별히 가해자의 반성문도 요구하지 않고, 합의금을 받지도 않고, 그냥 용서해주고 싶다고 말하기도 합니다. 그 어머니는 저에게 말했습니다. "변호사님 저도 아들 키워요, 우리 아들 생각나서 가해자 아이에게 모질게는 못하겠어요"라고요.

가해자의 재력 유무에 따라 합의금이 달라지는 것은 불평등하다고 생각하십니까? 하필 피해자의 부모가 가해자를 긍휼히 여기는 상황은 어떤가요? 불평등한가요? 쉽게 용서해주는 피해자를 만난 것은 가해자에게 너무나 큰 은혜이며 빚입니다. 반면 피해자에게는 어떤 방식으로든 피해 보상을 해줄 수 있는 가해자나 가해자의 가족이 있다는 것도 불행 중 다행입니다.

그래서 건건이 다르고, 그래서 '케바케(case by case)'입니다.

13. 합의하고 후회하는 경우

합의를 하고 가해자의 최종 형량이 너무 적게 나왔을 때, 심지어 검찰에서 무혐의 처분이 나왔을 때 피해자 쪽에서 이런 말이 나오기도 합니다. "아, 아무리 합의를 했다고 해도 어떻게 결과가 이렇게까지 나올 수가 있습니까?"라고요. 피해자 측이 합의한 것 자체를 후회하는지까지는 모르겠지만 합의하고 가해자에게 너무 적은 형량이 내리는 것을 보고 유쾌해하는 피해자는 없습니다.

가해자가 지인이고 합의금을 받기도 민망해서 그냥 합의서를 써주었는데 몇 년 후 계속 후회가 되었다는 분도 있었습니다.

14. 합의 안 하고 후회하는 경우

불륜남녀가 사귀다가 헤어지는 과정에서 남성이 여성을 촬영하고 그 영상을 유포하고, 협박까지 한 사건이 있었습니다. 결국 이 남성은 구속되었습니다. 피고인 측은 수천만 원을 제시하면서 합의를 요구했지만 이 피해자는 2심에서 합의를 최종적으로 거부했습니다. 저는 피해자에게 민사소송을 하더라도 손해배상금액이 어느 정도 받을 수 있을지 장담하기 어렵다고 말씀드렸지만 피해자의 결심이 확고했습니다. 피고인 측이 제시한 합의금이 마음에 안 든다고 했습니다.

그리고 대법원 단계에서 피해자가 저에게 연락을 했습니다. "합의하고 싶다", "지금이라도 합의할 수 있냐"라고요. 저는 피해자의 요구대로 피고인의 변호사에게 연락했지만 답은 "노(No)"였습니다. 민사소송으로 간다 하더라도 재산이 없는 피고인에게 실재 돈을 받을 수 있을지도 불투명했습니다. 피해자는 후회했습니다.

대한민국에서, 대법원 형사재판 단계에서 형사합의를 할 가해자는 없습니다. 피고인의 형량에 이익이 되지 않기 때문입니다. 형사합의의 최종 시점은 형사재판 2심까지입니다. 이 시기를 넘기면 민사상 손해배상청구만 가능할 뿐입니다.

15. 합의금은 받지 않겠습니다.

"합의는 하겠습니다. 피의자의 진지한 사과문을 받았으면 좋겠군요. 그러나 합의금 필요 없습니다." 이렇게 말씀하시는 피해자나 피해자의 가족들이 있습니다. 피해자의 변호사 입장에서 나는 '합의금을 그냥 좀 받으시지'라고 생각합니다. 범죄자에게 경제적 손실을 주는 것도 처벌의 일종이라고 생각하기 때문입니다.

16. 합의할 때 죄명의 문제

1심에서 준강간 미수죄로 유죄를 받은 사람이 있었습니다. 1심 판결이 나고 피해자와 피고인은 합의를 했습니다. 그런데 2심 재판 중에 피고인 자신은 준강간 미수는 인정할 수 없고 준강제추행을 인정한다고 했고 피해자와의 합의도 준강제추행에 대한 합의라고 주장했습니다.

2심에서 선정된 피해자 국선변호사인 저로서는 어이가 없었습니다. 가해자는 왜 이런 주장을 하는 걸까요?

준강간미수와 준강제추행의 차이는 무엇일까요? 형량의 차이가 큽니다. 가해자의 입장에서는 같은 행동을 했더라도 죄목이 준강제추행이어야 가벼운 형벌을 받을 수 있습니다.

술에 취한 여성의 가슴을 만진 사람이 있습니다. a는 성관계를 하려고 만졌고 b는 단순히 가슴만 만질 생각으로 만졌는데, 이 상황에서 피해자가 갑자기 잠이 깼다고 가정해봅시다. a와 b는 같은 행동을 했지만 a는 준강간죄의 미수, b는 준강제추행죄가 됩니다. 그러나 이 상황에서 어떤 가해자가 "나는 준강간의 고의로 피해자의 가슴을 만졌습니다"라고 말하겠습니까? 저는 아직 이런 경우는 본 적이 없습니다. 이 단계에서 발각된 경우 다들 "그냥 가슴만 만지려고 만진 것이지 성관계의 생각은 절대 없었다"라고 말합니다.

그럼 좀 더 적나라하게 말해봅시다.

술에 취한 여성의 바지와 속옷을 벗기고 여성의 음부를 만진 두 사람이 있습니다. a는 성관계를 하려고 만졌고 b는 단순히 만질 생각으로 만졌습니다. 이 상황에서 피해자가 갑자기 잠이 깼다고 가정해봅시다. a와 b는 같은 행동을 했지만 이론적으로 a는 준강간죄의 미수, b는 준강제추행입니다.

그럼 위 상황에서 a가 자신의 바지와 속옷을 벗고 있었다고 해볼까요? 당신이 판사라면 어떻게 판단을 하겠습니까? a의 행동은 준강간죄를 의도한 것이 명확해 보입니다. 준강간죄의 미수로 처벌받게 될 겁니다.

범죄의 고의는 눈에 보이지 않습니다. 다만 범죄자의 행동으로 고의를 추단할 뿐입니다. 피해자의 가슴을 만진 경우는 아무래도 수사기관이나 법원은 준강제추행으로 판단할 가능성이 높습니다. 가해자가 준강간 고의를 자백하거나, 준강간 고의를 알 수 있는 어떤 다른 증거가 있는 경우를 제외하고요.

피해자의 하의를 다 벗기고, 가해자도 하의를 다 벗고 있는 상황에서 만졌다면, 피해자의 음부와 가해자의 성기의 접촉이 있었다면 이때에는 준강간미수로 판단받을 가능성이 커집니다. 자신의 하의를 다 벗고 성기까지 비비는 가해자에게 성관계 고의가 없었다고 판단할 판사는 없을 겁니다.

합의를 할 때 죄명에 대해 피해자와 가해자가 서로 생각하는 것이 다를 수도 있고 합의를 할 때에는 양쪽의 의사가 명확하게 전달된 상황에서 합의를 해야 합니다. 가해자 측은 자신의 행동에 대하여 인정하고 다만 자신이 준강간의 고의가 없으므로 준강제추행에 대하여 합의하는 것이라고 밝혀야 하고 피해자 역시 이런 가해자의 요구를 수용할 경우 준강제추행에 대한 합의로 합의가 됩니다. 이때 가해자와 피해자의 변호사가 합의서 이외에 합의 과정에 대한 의견서를 제출하여서 이러한 사정을 설명하는 것이 명확합니다.

그러나 제가 담당한 사건은 1심 형사판결문이 준강간미수 유죄판결이었습니다. 피해자는 당연하고 자연스럽게 준강간 미수에 대해 합의한 것입니다.

피해자와 가해자 이 두 사람은 합의에 대하여 의견이 일치된 것이 아니고, 이 합의서는 준강간미수 합의서로서는 무효가 됩니다. 가해자로서는 수천만 원을 주고 합의까지 했지만 무효인 합의서를 받은 것이기 때문에 2심에서 준강간미수 유죄 판결을 받을 경우, 합의를 하지 않은 것처럼 선고받게 될 것입니다.

피해자는 "나는 준강간미수에 대하여 합의한 것이고 가해자가 이 부분을 인정하고 사과한 것으로 알았다. 그런데 준강간 미수를 인정하지 않는다면 나는 합의를 취소하겠다"라고 주장했습니다. 결국 합의할 때 죄명은 피해자보다도 가해자 쪽에서 더 신경을 써야 할지도 모르겠습니다.

17. 형사합의만 하는 경우

보통 수사 과정이나 형사재판에서 가해자와 피해자가 합의를 하면 민사상 형사상 합의를 동시에 같이 합니다. 합의하면서 앞으로 민사소송을 하지 못하도록 정리하는 것입니다. 그러나 합의금이 적을 때는 민사 합의 문구를 빼기도 하는데 일단 형사사건, 즉 가해자의 죄와 벌을 논하는 사건에서만 합의를 하고 추후 민사소송을 가능하게 하는 것입니다. 그러나 나중에 민사소송으로 손해배상 청구를 할 때 이미 형사 합의금으로 전달된 금액은 구체적인 손해배상액을 정할 때 참작이 될 것입니다.

XI

---·---

경찰의 결정

XI

경찰의 결정

1. 송치 결정

경찰에서의 조사가 어느 정도 끝나면 경찰은 검찰로 사건을 보냅니다. 이를 "송치"라고 하는데 경찰이 혐의를 인정한다는 뜻입니다. 아무래도 피해자 입장에서는 경찰 "송치" 결정을 들으면 일단 안심이 됩니다. 하지만 이는 검찰단계에서 최종적으로 결정이 나므로 지켜보아야 하고, 이제 우리의 목표는 검사의 기소입니다.

2. 불송치 결정

경찰이 불송치 결정은 보통 증거불충분으로 혐의 없음의 판단을 하는 경우입니다. 과거 검찰의 혐의없음 불기소처분과 유사합니다. 피해자는 경찰의 불송치 결정에 대해 이의할 수 있습니다. 경찰이 불송치결정을 하면 피해자와 피해자의 변호사는 움직임이 빨라집니다. 이의를 하고 탄원서를 내고 추가로 증거가 될 만한 것들을 더 적극적으로 준비하게 됩니다. 경찰의 불송치 결정에 대해서는 이의기간 제한이 없지만 사실상 이의를 하여 결과가 바뀌는 경우도 많지는 않습니다.

경찰의 불송치결정이유서를 보면 한심하기 그지없습니다. 왜냐하면 지나치게 내용이 짧고, 경찰이 불송치 결정 근거가 명확하지 않기 때문입니다. 이걸 보고 고소인이, 범죄피해자가 무엇을 어떻게 더 준비하고 보강해야 결정이 바뀔 수 있을지 알아내기가 어렵습니다.

경찰이 너무 무성의하다고 느껴져 화가 납니다.

3. 내사종결

지하철에서 강제추행을 당했는데 결국 가해자가 누구인지 알 수 없는 경우 보통 경찰에서 내사종결처리를 합니다. 범죄현장에 CCTV가 없었고 피해자의 진술은 존재하는데 가해자가 누구인지 찾지 못하는 경우, 해외에 서버가 있는 사이트에서 적절하지 못한 사진이나 동영상을 전송받은 경우도 이에 해당합니다.

XII

검찰에서의 결정

VII

검찰에서의 결정

1. 보완수사명령

경찰에서 송치의견으로 검찰에 사건을 올렸는데 검사가 보기에는 이 사건을 기소하기에 증거가 부족한 경우 경찰에 보완수사를 명합니다. 과거에는 검찰에서 직접 수사하기도 했는데 요즘 그런 경우는 거의 없습니다. 보완수사명령 이후 사건이 다시 검찰청으로 오면 검찰 사건번호가 바뀌어 있으니 주의해주세요.

2. 기소

기소는 그야말로 "이제 형사재판을 시작합니다"라는 뜻입니다. 일단 검사가 피해자의 손을 들었다는 뜻이고 검사와 우리가 같은 편이 되었다는 뜻입니다. 우리나라 대한민국에서는 검사가 기소한 사건의

97%가 유죄판결이 난다고들 하는데, 그만큼 검사의 기소는 성폭력 사건에서 매우 중요합니다.

기소라는 것은 검사가 법원에 사건을 올리는 것입니다. 이때 가해 자를 구속하면 구속기소, 불구속 상태에서 재판하면 불구속기소가 되고 일단 불구속기소가 원칙입니다. 아동 대상의 강간, 준강간 등 범죄의 경우, 가해자가 경찰 공무원 등 특수한 신분인 경우, 가해자 가 경찰에서 거짓말을 한 것이 드러난 경우, 가해자가 수사 도중 도 망갔다가 잡힌 경우, 가해자가 증거인멸을 시도한 경우 등 구속되는 경우도 많습니다. 다른 범죄에 비하여 성폭력범죄가 구속되는 확률 이 높다고 느낍니다. 구속사건은 가해자가 구속되는 기간이 정해져 있어 절차 진행이 빨라집니다. 검사가 기소도 빨리하고 판사가 재판 도 빨리한다. 피해자로서는 That's Ok 입니다.

3. 불기소

혐의 없음. 증거불충분.

불기소의견은 증거가 불충분하여 혐의 없고, 검사가 여기에서 사 건을 종결하겠다는 뜻이고 피해자로서는 타격이 큰 처분입니다. 이 후 피해자의 이의절차가 존재하기는 하지만 항고, 재항고 또는 재정 신청 등의 이의를 하여서 결과가 바뀌는 경우가 많지는 않습니다.

이때는 검사의 불기소처분이유서를 따로 발급받아 검사가 어떤 이 유로 불기소 처분을 하였는지를 확인하여야 합니다. 불기소이유서는 각급검찰청에서 피해자나 피해자의 변호사가 발급받을 수 있습니다.

슬기로운 피해자생활

이 불기소이유서에는 피해자의 주장과 가해자의 주장이 간략하게 쓰여있고 검사가 왜 피해자의 주장을 배척하였는지, 어느 부분의 증거가 부족한지에 대하여 쓰여 있습니다. 피해자의 변호사로서 좀 아쉬운 것은 이 검사의 불기소이유서의 질의 차이가 심하다는 것입니다. 어떤 검사님은 어떤 부분 증거가 부족했는지 상세히 설명하여 피해자 측이 항고 등 절차에서 무엇을 보완할지를 자세히 알게 해주지만, 어느 불기소이유서는 별 이유 없이 피해자의 주장을 믿을 수 없다고만 쓰여있는 경우도 있습니다. 그러나 어떤 경우든 경찰의 불송치이유서보다는 잘 쓰여있다고 생각합니다.

4. 형사조정

검찰청에는 형사조정이라는 제도가 존재합니다. 검찰이 주도하는 일종의 합의 절차라고 보시면 됩니다. 검찰청에서 기일을 정하면 3명의 조정위원들이 있는 형사조정실에서 피해자와 가해자가 만나 합의금을 정하고 사건을 종결합니다. 이때 피해자가 가해자를 직접 보는 것이 싫다면 국선변호사만 참석하고 이 시간에 피해자와 국선변호사가 전화를 통해 피해자의 의사를 확인하면 됩니다. 코로나 이후 전화 조정도 많이 하고 있습니다.

형사조정이 되는 경우 보통 검사님들이 가해자에 대해 기소유예 결정이나 교육이수조건부 기소유예 결정을 내리기 때문에 가해자에게도 매우 유리합니다. 피해자로서는 현실적인 피해보상을 받을 수 있어 신속한 피해회복이 이루어진다는 장점이 있습니다.

그러나 어느 누구도 피해자에게 합의나 조정을 강요할 수 없습니다. 피해자의 자율적인 의사로 결정하는 것이 가장 중요합니다. 피해자들이 어떤 조건으로 조정에 응해야 하는지를 자주 물어보시는데 변호사가 할 수 있는 말은 보통 이런 죄명의 사건의 경우 합의금이 어느 정도부터 어느 정도까지 되었다는 경험 정도입니다. 결국 피해자가 결정하여야 합니다.

5. 구약식청구

검사가 가해자에 대해 벌금을 내려달라고 판사에게 청구하는 경우이고, 이때는 따로 재판이 열리지는 않고 약식 판사가 벌금형을 정하게 됩니다. 벌금형도 전과이고 성폭력 전과입니다. 보통 가해자가 초범이거나 강제추행 등 비교적 경미한 성폭력 사건이거나 피해자와 합의에 이른 경우 구약식 청구를 많이 합니다. 아주 가끔 해당 판사가 이 범죄자는 벌금으로 끝나서는 안 된다고 판단하면 공식적으로 재판을 열기도 합니다. 또 가해자가 이의 하는 경우에도 정식 재판이 열립니다.

6. 기소유예, 교육이수 조건부 기소유예

가해자가 죄를 저지른 것은 맞지만 가해자가 반성하고 있고 초범이고 피해자와 합의하였고 등등의 사정이 있을 때 검사가 평생에 한 번 정도 가해자에게 기소유예 처분을 해줄 수 있습니다. 죄는 있으나 이번에는 봐주겠다는 의미입니다. 성폭력 사건은 교육조건을 붙여서 기소유예를 하는 경우도 많은데, 40시간 성폭력 예방 교육을 받아라 이런 식입니다. 가해자에게는 굉장히 은혜로운 처분입니다.

7. 항고는 어떻게

검사의 불기소 처분이 결정되면 이 통지서를 피해자가 받은 날로부터 30일 안에 항고하여 이의할 수 있습니다.

8. 왜 검찰청이 바뀌나요?

피해자가 강남역 사거리를 걷다가 갑자기 누군가 뒤에서 엉덩이를 만지고 달아났습니다. 이 사건은 강남경찰서에서 담당합니다. 그리고 강남경찰서는 서울중앙지방검찰청 관할입니다. 그런데 갑자기 이 사건의 담당 검찰청이 인천으로 바뀝니다.

피해자가 "왜 담당 검찰청이 바뀌나요?"라고 물으시면 가장 간명한 대답은 "가해자가 인천에 사나봅니다"입니다.

담당 검찰청은 주로 피의자의 주소지를 관할하는 검찰청입니다. 그래서 피해자가 사건 신고를 관악경찰서에 했는데 나중에 담당 검찰청이 군산지청, 수원지검, 대구 서부지방검찰청인 경우가 종종 발생합니다. 가해자가 군인인 경우 해당 군검찰로 사건이 넘어가기도 합니다. 포천의 군부대까지 가서 피해자 조사에 참여한 경우도 있었고, 남태령의 군사법원에 가서 재판에 참여한 경우도 있었습니다.

사건이 서울에서 일어났는데 담당 검찰청, 담당 법원은 대구, 광주, 부산으로, 전국으로 흩어집니다. 이 경우 피해자 국선변호사는 사실상 피해자를 변호하기가 어렵고 사임하는 경우도 있습니다. 저는 지방의 피해자 국선변호사제도가 제대로 운용되지 않고 많은 피해자가 혼자 경찰조사를 받는다는 말을 듣고 사임을 잘 안 하려고 하지만 상당히 부담스러운 일입니다.

피해자로서는 법원에 증인으로 참석하는 경우, 서울에 사는 피해자가 대구까지 내려가 증언을 해야 할 때도 있습니다. 여간 짜증 나는 일이 아닐 수 없습니다.

아주 가끔은 이런 일도 있었습니다. 서울중앙지방검찰청에서 서울서부지방검찰청으로 사건을 넘겼는데, 서울서부지방검찰청에서는 다시 서울중앙지방검찰청으로 사건을 다시 넘겼고 이 기간만 3개월 정도 걸렸습니다. 피해자로서는 뒷목을 잡고 쓰러질 일이지요. 이런 겁니다. "아, 피의자가 그쪽 관할에 살고 있으니 가져 가시죠", "아, 무슨 소리. 사건 발생 장소가 그쪽이니 다시 가지고 가시지요"라는 식입니다. 마치 서로 아이를 키우지 않겠다는 부부 같아요. 그러나 이런 경우가 자주 발생하는 것은 아닙니다.

9. 검찰의 질문

검찰에서는 사건을 법원에 보내기(기소) 전에 피해자들에게 다음 질문을 체크합니다. 법정에 증인으로 참석하시겠습니까? 증인으로 참석할 때 검찰청 직원이 동행하여 신변보호를 받기 원하십니까? 가해자가 처벌된 경우 결과 통지, 가석방 등의 통지 받기를 원하십니까?
등등입니다.

　검찰청에서 기소를 하기 전에 일률적으로 피해자에게 이런 질문을 합니다. 걱정하지 말아야 할 것은 법정에 피해자가 증인으로 나올 경우가 있을 수 있어 만약의 경우를 물어보는 것이지, 피해자가 증인으로 나오는 것이 확정되어 있는 것은 아닙니다. 앞으로 혹시 피해자가 증언을 하러 법정에 나올 경우 피해자가 출석할 수 있는지를 체크하는 것뿐입니다.

XIII

검찰 처분 나고 피해자의 질문

XII

XIII

검찰 처분 나고 피해자의 질문

1. 저 무고죄로 처벌받나요?

성폭력사건에 대하여 검사가 증거불충분으로 혐의 없음, 불기소처분을 한 경우 피해자들이 떨면서 물어보는 질문입니다.

결론부터 말하면 "성폭력사건이 무혐의처분이 나왔다고 해서 바로 피해자가 무고죄로 처벌받는 것이 아닙니다!" 성폭력 사건이 무혐의가 난 것은 성폭력범죄를 입증할 증거가 부족하기 때문입니다. 그러나 이것이 무고죄의 유죄 증거가 있다는 말은 아닙니다.

성폭력사건을 경찰에 신고하거나 고소장을 제출한 피해자가 가장 두려워하는 것은 가해자가 무혐의처분이 되거나 무죄판결을 받은 후, 역으로 피해자를 무고죄로 고소하는 경우입니다. 일반적으로 많은 분들이 자신이 고소하거나 신고한 사건이 무죄가 되면, 신고한 사람은 100% 무고죄가 성립한다고 생각합니다. 답은 "절대 그렇지

않다"입니다. 제가 개입했던 1,000여 건의 사건 중 무고죄가 문제
되었던 건은 3건 정도였습니다.

"무고죄는 중대한 범죄입니다." 맞는 말입니다. 그러나 무고죄는 고
소인이 허위신고나 허위 고소를 하였다는 증거가 있을 때만 처벌을
받는 것이지, 단순히 성폭력 가해자로 지목된 사람이 증거불충분,
무혐의처분이나 무죄판결을 받는다고 하여 곧장 피해자가 무고죄로
처벌받는 것은 아닙니다. 오히려 무고죄로 처벌받는 경우는 매우 드
뭅니다.

한 남성이 호텔에서 피해자와의 성관계 현장을 녹음하였습니다.
피해자가 강간으로 남자를 고소하자 이 녹취파일을 증거로 내놓았습
니다. 성관계 당시 피해자와 피의자의 대화 어느 부분에도 폭행과 협
박은커녕 강압적인 분위기조차 느낄 수가 없었습니다. 피해자는 유
부녀였고 남편의 의심을 피하고자 고소한 정황도 나왔습니다. 팔짱
을 끼고 호텔 엘리베이터에서 웃으면서 내리는 CCTV도 나왔습니다.
피해자는 가해자가 무서워 고분고분 가해자의 말을 들었다고 주장했
지만 판사도 검사도 고소인의 말을 받아들이지 않았습니다.

자, 성폭력사건의 고소인이 결국 무고죄로 처벌되지 않느냐고 당
신은 말할 것입니다. 그러나 제가 이 사건에서 말하고 싶은 것은 이
정도 증거쯤은 있어 줘야 무고죄로 처벌받을 가능성이 있다는 것입
니다. 적어도 성관계 당시 성폭력 피의자가 현장 녹음 정도는 해줘
야, 그리고 호텔방에 들어가기 전 CCTV가 화질이 좋아 팔짱 낀 장
면과 고소인의 웃은 얼굴까지 나오는 증거 정도가 있어야 무고죄로
처벌된다고 말하고 싶은 것입니다.

성폭력 사건의 신고자는 수사기관에서 거짓말만 하지 않았으면 무고죄로 처벌받은 확률은 매우 미약합니다.

누군가를 형사 처벌할 때는 증거가 필요한데 이것은 성폭력 사건도 그렇고 무고사건도 그렇습니다. 성폭력 사건에서 증거가 불충분하여 불기소처분을 받았다고 고소인이 허위로 고소하였다는 것은 아니라는 말입니다. 증거가 없으면 무고죄로도 처벌받지 않습니다.

제가 경험한 피해자가 무고죄로 처벌받은 경우는 공교롭게도 성폭력의 가해자가 사건 현장을 녹음한 경우가 많았습니다. 또 피해자의 거짓말이 명백하게 드러난 경우가 많았습니다.

2. 법원에서 무죄판결이 나올 수도 있나요?

우리나라에서 검사가 기소한 사건의 97%가 유죄판결이 난다고 합니다. 따라서 법원에서 재판하고 무죄판결이 나는 경우는 많지는 않습니다. 그러나 재판 진행 중 변수는 존재하기 때문에 유죄판결이 나올 때까지는 안심할 수 없습니다.

3. 손해배상을 받고 싶어요

여성가정부는 성폭력 피해자의 민사소송을 지원하고, 공감, 무고 등으로 역고소 당했을 때도 소송구조를 통해 변호사 선정도 해줍니다. 성폭력 사건에 대해 유죄판결이 나왔다면 여성가족부의 지원을 받아 민사소송을 진행하세요.

4. 소멸시효가 있다고 하던데요

우리나라 민법 766조는 손해배상청구권의 소멸시효를 규정합니다. 제1항 불법행위로 인한 손해배상의 청구권은 피해자나 그 법정대리인이 그 손해 및 가해자를 안 날로부터 3년간 이를 행사하지 아니하면 시효로 인하여 소멸한다라고 규정되어 있습니다.

손해배상 민사소송의 소멸시효는 불법행위를 안 날로부터 3년인데, 원칙은 불법행위가 있던 날이 기준이 되고, 가해자를 늦게 알았거나 불법행위임을 늦게 안 경우에는 이때를 기준으로 3년 안에 손해배상청구를 해야 합니다. 사건의 형사재판 결과를 알았을 때로부터 기산하기도 합니다. 개인적으로는 형사재판 1심에서 가해자에게 유죄판결이 선고된 경우 민사소송을 진행하기에 적절한 타이밍이라고 판단하고 있습니다.

민법에 미성년자에 대한 특별한 규정이 신설되었는데 민법 766조 제3항은 "미성년자가 성폭력, 성추행, 성희롱, 그 밖의 성적(性的) 침해를 당한 경우에 이로 인한 손해배상청구권의 소멸시효는 그가 성년이 될 때까지는 진행되지 아니한다"라고 규정합니다(2020. 10. 20. 신설).

굉장히 의미 있는 판결도 있습니다.

민법 766조 제2항은 불법행위를 한 날로부터 10년을 경과한 때에도 시효로 소멸함을 규정하고 있고 범죄 발생 이후 10년이 지나면 손해배상 청구소송이 불가능합니다. 그런데 아동일 때 성폭력을 당하고 10년이 넘어 손해배상을 청구한 사건에서 법원은 이 피해자가 외상후 스트레스장애를 진단받은 시점을 "불법행위를 안 날"이라고

슬기로운 피해자생활

판단하였고, 이때로부터 3년간 손해배상 청구가 가능하다고 판단하여 피해자가 손해배상을 받을 수 있도록 길을 열어주었습니다.

민사상 손해배상청구권의 소멸시효는 변호사와 꼭 상담하길 바랍니다.

5. 피해자가 먼저 합의를 요청해도 되나요?

됩니다. 이때는 피해자의 국선변호사에게 진심을 말해주세요. "합의하고 싶다"고요. 그러나 합의란 가해자 측도 원해야 이루어지는 것이고 합의금 액수에 대한 결정도 상호 동의가 이루어져야 할 수 있습니다. 피해자가 원한다고 다 합의할 수 있는 것은 아닙니다. 피해자의 국선변호사는 의견서로 "피해자는 자신의 손해를 배상받기 원하고 가해자 쪽의 합의요청이 있으면 응할 의사가 있다" 이 정도로 표현해서 수사기관이나 법원에 제출합니다.

XIV

드디어 재판이 시작됩니다

XIV

드디어 재판이 시작됩니다

1. 재판의 시작

재판이 시작되면 이 재판이 어느 법원에서 진행되는지, 사건번호는 무엇인지, 피고인의 이름은 무엇인지를 알고 계시는 것이 좋습니다. "대법원 나의사건검색" 사이트에서 사건의 진행 내역에 대하여 알아볼 수 있기 때문입니다. 이 사이트의 당사자 란에는 피해자 이름을 넣으시면 검색이 안 됩니다. 가해자의 이름을 기입해야 사건을 검색할 수 있습니다.

재판이 시작되고 공판 기일이 정해지면 피해자의 변호사는 피해자에게 재판 진행 상황을 알려드립니다. 그런데 많은 피해자분들이 매번의 재판에 피해자인 자신이 출석해야 하는 것으로 잘못 알고 계십니다.

형사재판에서 피고인(가해자)은 매번의 공판기일에 필수적으로 참석해야 하지만 피해자의 출석이 의무적인 것은 아닙니다. 피해자는 증인으로 소환된 경우만 법정에 출석이 강제됩니다. 다만 피해자는 법원에 의견진술권이 있어 언제든 법정에 나와 자기 의견을 말할 수 있는 권리가 있습니다. 피해자가 법정까지 나오지 않아도 문서로 재판부에 자신의 피해를 언제든지 호소할 수 있고 의견을 진술할 수 있습니다.

2. 이 법정에서 판사가 제일 모릅니다.

피해자가 법정에 증인으로 나오는 경우 꼭 이런 말을 해드립니다. "이 법정에서 판사가 제일 몰라요"라고요.

판사를 비하하는 것이 아니라, 사실을 말한 것뿐입니다. 공소장 일본주의라고 판사님은 검사가 제출한 공소장 한두 장 이외에는 증거를 보지 못한 채로 피해자에게 질문을 하게 됩니다. 개인적으로는 정말 비합리적이라고 생각합니다.

그래서 피해자는 판사의 질문이 매우 뜬금없고 이상하다고 느낄 수도 있습니다. 그래서 말씀드립니다. 이 법정에서 판사님이 제일 몰라요. 그러니까 아이에게 설명하듯이 친절하고 구체적으로 피해 사실을 말씀해주셔야 합니다.

3. 법정에 나가 말하고 싶어요

피해자는 법정에 나가 의견을 진술할 권리가 있지만 시간을 내고 재판시간에 맞춰 법정까지 와서 판사 앞에서 자기 의견을 말하는 피해자는 아직 본 적은 없습니다. 다만 피해자들에게는 탄원서를 작성해 보내주시면 법원에 제출하겠다고 안내해드립니다.

재판을 하면 가해자, 특히 구속되어 재판받는 가해자는 거의 매일 반성문을 써서 판사님께 올리고, 형사재판이 마치 피고인을 봐주기 위한 절차처럼 느껴집니다. 피고인에게 고문이 횡횡하던 시절 만들어진 형사재판제도는 피고인의 보호가 가장 큰 가치 중의 하나이거든요. 그래서 처음 재판을 본 피해자는 굉장히 당황합니다. 판사님이 피고인의 말을 믿으면 어쩌냐는 것입니다. 그러나 '판사님이 증거도 없이 피고인의 주장이나 반성을 그냥 믿지는 않습니다'라고 설명드립니다. 하지만 형사재판을 처음 본 피해자들은 너무 피고인에게 많은 변명의 기회가 주어진다고 불평합니다.

피고인이 판사님께 지속적으로 자신의 변명과 탄원을 한다면, 피해자도 하면 됩니다. 피해자도 자신의 피해와 억울함을 호소하는 글을 써서 제출하면 되는 것입니다. 얼마든지, 횟수에 제한 없이, 써서 낼 수 있습니다. 피해자의 탄원서는 한두 번으로도 큰 효과를 낼 수 있습니다. 적극적으로 피해를 호소해주세요. 그냥 편하게 변호사에게 문자메세지로 작성해서 보내주시면 충분합니다.

4. 법정에 나가기 싫어요

피해자는 법원에서 피해자를 증인으로 소환하는 경우 의무적으로 법정에 출석해야 합니다. 그러나 피해자가 절대 법정에 나가지 않겠다고 하는 경우도 있습니다. 일반적으로 재판에서 증인으로 소환을 받고도 출석하지 않는 경우 법원에서 가차 없이 과태료 처분을 내립니다. 과태료 금액은 200만원에서 500만원 정도까지 내려집니다. 증인 출석을 강제하기 위한 법원의 조치이지요.

보통 성폭력 피해자에게 과태료 처분까지 하는 판사님은 많지 않지만, 피해자가 너무 시간을 끄는 경우는, 결국 성폭력 사건의 판사님들도 증인에 대하여 과태료 처분을 합니다. 물론 피해자 증인으로 법정에 출석하면 판사님은 이 과태료 처분은 취소합니다.

피해자들은 처음에는 법정에 나가기 싫다고 하다가도, 피고인을 처벌하려면 한 번 나오셔야 한다고 설득하면, 마음을 바꿔 증인으로 나오시는 경우가 많았습니다. 그러나 피해자가 끝까지 법정에 가기 싫다고 한다면 사실 방법이 없습니다. 피고인은 즐겁게 무죄판결을 받겠지요ㅠㅠ.

5. 피해자가 증인이 될 때

피해자는 신분증을 가지고 법정에 나오시면 됩니다. 각 법원 피해자지원실에서 대기하시다가 법정으로 이동하여 들어옵니다. 성폭력 수사와 재판과정이 피해자의 가명으로 진행되었다 하더라도 피해자는 본인의 신분증을 가지고 나와야 합니다. 피해자가 증인으로 법정에 나오는 경우 증인 보호를 위해 여러 조치를 요구할 수 있습니다.

비공개 재판 진행을 요구할 수 있습니다. 원래 모든 재판은 공개 재판이고, 법정의 방청석에는 많은 사람들이 재판을 볼 수 있습니다. 그러나 성폭력 사건의 경우는 재판 관련자인 판사, 검사, 변호사, 피고인, 법원 직원들 등을 제외한 다른 일반인이 이 사건 재판을 볼 수 없게 할 수 있습니다.

피해자는 피고인의 얼굴을 보지 않고 증언할 수 있는데 피고인 앞에 차단막을 설치하거나, 피고인이 법정에서 나가 피해자의 목소리만 듣게 할 수 있습니다.

피해자가 별도의 방에서 증언하고 비디오 장치를 통해 재판 관련자들 판사, 검사, 피고인, 변호사 등등이 이 화면을 보도록 할 수도 있지만 저는 이 제도는 별로라고 생각합니다. 검사와 판사가 피해자를 가까이서 보고 그 증언 내용을 듣고, 피해자의 상태와 진실성을 제대로 살피는 것이 재판에 유리하다고 생각하기 때문입니다.

피해자는 일반인들의 법정 출입구를 이용하지 않고 증인을 위한 별도의 이동통로를 이동하여 법정으로 들어갑니다. 피해자가 피고인이나 피고인의 가족들과 부딪치지 않게 하기 위한 조치입니다.

피해자는 증언하기 전에는 증인지원관실에 있다가 재판시간이 되면 법정으로 이동합니다. 그런데 성남지원에 갔더니 증인지원관실이 없더군요. 1층 직원 숙소 같은 곳에 앉아 있다고 피해자가 법정으로 들어갔습니다. 성남지원은 용인을 관할로 하는 큰 법원인데 아직 피해자 지원 수준이 높지는 않았습니다. 수도권 법원의 사정이 이럴진

대 지방법원은 말해 무엇하겠습니까.

6. 국민참여재판

피고인은 국민참여재판을 신청을 권리가 있습니다. 그러나 성폭력 사건에서는 피해자도 피고인의 국민참여 신청에 의견을 제출할 수 있습니다. 판사는 피고인과 피해자의 의사와 기타 여러 가지 상황을 참작하여 국민참여재판 여부를 결정합니다. 어느 피해자가 자신의 성폭력 사건이 국민참여재판으로 진행되기를 바랄까요? 법관 아닌 다수의 일반인 앞에서 피해사실을 말하고 싶은 성폭력 피해자는 없습니다. 그러나 최근 특정 재판부에서는 피해자의 수차례의 반대 의사 표명에도 불구하고 국민참여재판을 강행하기도 했습니다. 도대체 왜 이러는 것인 정말 모르겠습니다.

피해자의 직업이 술집에 나간다던가 하는 경우, 피고인들은 자신 있게 국민참여재판을 신청하기도 합니다. 이러한 사정이 자신에게 꽤 유리할 거라고 판단하는 모양입니다. 그러나 과연 현명한 판단일까요?

7. 피고인 변호사의 잘못된 변론

법정에서도 피해자를 "꽃뱀"이라고 주장하는 피고인의 변호사들을 종종 보는데, 이런 주장에 근거도 없고 증거도 없습니다. 매우 위험한 변론입니다. 물론 피고인의 강력한 요구와 주장이 있었겠지요.

슬기로운 피해자생활

그러나 같은 변호사 입장에서 이러한 피고인 변호사의 변론은 자기 의뢰인을 구속시키기 위해 최선을 다하는 것으로만 보입니다. 피고인도 이런 방식이 너무 위험한 변론 방법임을 알아야 할 텐데요.

증거만 있다면 이러한 주장을 100번 하는 것이 무슨 상관이겠습니까마는 아무 증거 없이 피해자를 공격하지 마세요. 당신과 당신 의뢰인이 그 대가를 치를 것입니다. 피해자에게 반대신문을 하면서 "전 남자 친구에게도 같은 방식으로 돈을 받았다고 하는데 사실인가요?", "돈을 노리고 신고한 것이 아닌가요", "당신은 우울증이고 우울증에 걸린 사람들은 상황을 과대하게 받아들인다는 것, 그런 것은 아닌가요". 정말 신문에 나올 그런 인신공격적 질문을 하는 변호사도 있습니다.

판사님이 제지하고, 안되면 피해자 변호사인 나라도 손을 들어 항의합니다. 답답합니다. 자신의 행동은 생각하지 않고 나를 범죄자로 신고하면 무조건 "꽃뱀"이랍니다. 도대체 어디서 생긴 확신과 판단인지. 단체로 어디서 교육이라도 받은 것처럼 똑같이 말합니다. 꽃뱀이라고요.

저는 성폭력 피해자 국선변호사입니다. 기본적인 업무를 수행합니다. 그러나 다른 사건에 비하여 2배, 3배로 의견서를 내고 재판에 참여하는 사건이 있기 마련입니다. 바로 피해자에게, 증인에게 최소한의 예의를 지키지 않는 피고인과 피고인 변호사가 있는 재판의 경우입니다. 화가 나서 더 열심히 하게 됩니다. 법정에서 모욕을 당하는 내 피해자를 위해 더 열심히 하게 됩니다. 저의 피해자가 당한 고통과 수치를 재판 결과로 피고인 당신과 당신의 변호사에게 되갚아 주리라 다짐합니다.

XV

피해자가 증언할 때

XV

피해자가 증언할 때

1. 마이크를 가까이

법정에서 모든 피해자의 증언은 녹음됩니다. 그래서 판사님이 바뀌어도, 2심의 판사님들도, 피해자의 목소리와 피해자의 증언을 확인하고 재판을 진행할 수 있습니다. 그러니 녹음이 안되면 큰일입니다. 녹음은 되었는데 소리가 작아 들리지 않아도 큰일입니다. 다소 불편하겠지만 마이크를 가까이하고 조금 크게 말해주시기 바랍니다.

2. "이렇게 했어요", "저렇게 했어요"

강제추행 사건 형사 2심 재판이었습니다. 1심에서 이미 피해자가 증인으로 나와 피해 상황을 말하였고 유죄판결이 나왔습니다. 피고인이 항소하였지만 2심 재판은 빨리 그리고 쉽게 끝이 날 것 같았습니다.

그런데 재판부에서 피해자가 다시 증인으로 나와야 한다고 말했습니다. 이게 무슨 말인가요? 아니 왜요? 왜애애? 도대체 왜? 성폭력 사건에서는 보통 피해자 조사를 많이 하지 않으려고 합니다. 피해자를 자꾸 수사기관으로 부르는 것이 피해자에게 심리적으로, 시간적으로 압박을 주기 때문입니다.

법원도 마찬가지입니다. 가급적 피해자가 법정에 안 나오게, 나오더라도 1번만 나오게 재판을 진행합니다. 피고인이 피해자 관련된 증거를 부인하는 경우 정말 어쩔 수 없이 단 한 번 피해자를 증인으로 부릅니다.

그런데 2심 재판부에서 피해자를 다시 증인으로 부른다고요. 이런 경우는 정말 자주 있는 일이 아닙니다. 결국 피해자를 설득하여 이 피해자가 2심 재판의 증인으로 다시 법원에 나오게 되었습니다.

그런데 피해자가 다시 2심 재판에 나올 수밖에 없었던 이유를 금방 알게 되었습니다. 2심 판사님께서 피해자가 증인석에 앉자마자 이 상황이 매우 유감이라고 말을 하시면서 자세히 설명을 해주셨습니다.

재판에서 피해자의 증언은 녹음이 되고 녹음이 녹취파일로 남게 되고 녹취록도 따로 작성되어 재판기록에 붙게 됩니다. 그런데 1심에서 피해자의 증언은 "가해자가 이렇게 만졌어요"라는 말의 반복이었다는 것입니다. 1심 판사는 법정에서 피해자인 증인이 하는 행동을 보면서 피해자의 말을 들었으니까 피해자가 어떤 상황을 설명하는지를 잘 이해할 수 있었겠지만 다른 판사들은 가해자가 어떤 행동을 했는지 구체적으로 알 수가 없었던 것입니다.

슬기로운 피해자생활

1심 판사가 좀 더 실력이 있고 배려가 있었다면, 피해자에게 "'이렇게 했어요'가 무슨 뜻인가요?"라고 설명을 요구하거나, 판사 자신의 말로 "가해자가 오른손을 들어 피해자의 오른쪽 엉덩이를, 허리 쪽에서 허벅지 쪽으로 쓸어내렸다는 것이군요"라고 말하든가, 조서에 판사의 말로 이 상황을 정리하던가 했을 것입니다.

그러나 이 판사는 그냥 넘어갔고 녹취파일에는 "이렇게 했어요"라고 반복된 피해자의 목소리만 남았습니다.

2심 판사들은 피해자를 볼 수 없고, 만날 수 없어, 녹취파일을 듣고 녹취록만 읽고서 판단을 해야 했습니다. 그런데 피해자의 "이렇게 했어요"라는 말만 듣고서는 2심 판사들은 재판을 할 수가 없었던 것입니다. 이 양심 바른 판사님들은 피해자에게 욕먹을 각오를 하고 다시 피해자를 증인으로 부른 것입니다.

이때 판사님들이 피해자를 다시 증인으로 부르지 않고 판결을 내렸다면 이는 명백한 업무태만일 것입니다. 이 재판에서 판사들이 정말 5번 넘게 피해자에게 유감을 표시하였습니다. 피해자의 두 번째 증인신문이 끝나고 저는 1심 증인신문조서를 열람 복사 신청하여 받아보았습니다. 그리고 피해자에게도 전달하였습니다. 피해자가 웃으며 "정말 '이렇게 했어요'라는 말밖에 없네요. ㅎㅎ"라고 말했고 피고인은 2심에서도 유죄판결을 선고받았습니다.

이런 경험을 한 저는 증인신문을 앞둔 피해자에게 "이렇게", "저렇게", "요렇게"라고 말하시면 안 된다고 말씀드립니다.

경험에서 배웁니다. 경험하지는 않고 잘 모르는 일 투성입니다.

3. 너무 자신감이 넘치는 피해자를 보면 피해자 변호사는 불안합니다.

피해자가 법정에서 증언을 하게 되는 시점은, 사건 발생일로부터 어느 정도 지나서일까요? 놀라지 마세요. 보통 1년이나 1년 6개월이 지나 증언하게 되는 경우도 많이 있습니다. 수사단계에서부터 피해자와 가해자가 치열하게 공방해온 사건의 경우 시간이 더 걸립니다.

그래서 피해자의 변호사가 피해자가 법정 증언을 하러 나올 때 가장 강조하는 것이 기억! 지금의 기억입니다. 누구도 1년이 지난 사건을 생생하게 기억하기는 쉽지 않으니까요. 그래서 "지금 기억이 안 나면 안 난다고 하시면 됩니다. 절대 무리하지 마세요"라고 설명을 드립니다.

이때 피해자가 "기억이 아직도 생생하니 걱정 마세요"라고 자신 있게 말하면 저는 좀 걱정됩니다. 기억이란 시간이 지나면서 흐릿해지는 것이 자연스러운 일이고 당연한 일입니다. 피해자는 사건 당시 메모를 하거나 일기를 적었을 수도 있고 당시 증거를 사진으로 보관하고 있을 수도 있지만 시간이 흐르는 것은 흐르는 것입니다.

특히 피해자의 진술을 능가하는 증거가 존재할 수도 있습니다. 피해자의 진술을 능가하는 증거란 무엇일까요? 바로 사건 당일 현장 CCTV 동영상입니다. 사건 범행 현장을 찍은 것이 아니라 하더라도 사건 전후의 상황이 찍혔을 가능성도 있습니다.

지하철 강제추행 피고인들은 주로 나는 왼손에는 등산 모자를 오른손에는 핸드폰을 들고 있어서 당신의 엉덩이를 도저히 만질 수 없

슬기로운 피해자생활

었다고 주장하고, 우산을 들었다거나 가방을 들었다고 주장하는 경우도 있습니다. 사건 당시의 현장 CCTV는 없어도 지하철을 오고 갈 때 진짜 피고인이 손에 우산이나 가방이나 모자를 들고 있는 동영상이 있을 수도 있습니다.

피해자는 강제추행 사실에 놀란 상태이기 때문에 다른 디테일을 기억하지 못할 수도 있습니다. 이런 상황에서 법정에서 "내가 다 기억한다", "내가 본 게 정확하다"라고 강조하면 역공당하기 쉽습니다. 핸드폰 촬영, 거리 CCTV, 카드사용 내역 등등 너무 정확하게 증거가 나오는 요즈음, 인간의 기억이 어떻게 그렇게 정확할 수 있겠습니까?

피해자가 자신 있고 태도로 정확하다고 증언하는 순간 하이에나 떼처럼 피고인의 변호사는 공격을 해댑니다. "지하철 CCTV 보이시죠, 당시 피고인이 오른손에 우산을 들고 있었는데 우산은 못 보셨다면서 피고인의 손은 보았다는 건가요?", "정확하게 기억한다고 하셨는데 왜 이건 모르시나요?" 등등.

피해자의 경찰수사 당시의 피해자의 진술조서 또한 마찬가지입니다. 피해자는 경찰 조사 때 자신이 어떤 식으로 말했는지 정확하게 기억하기가 쉽지 않습니다. 어떤 질문에 "정확하다. 난 그런 말을 한 적 없다"라고 증언했는데 경찰의 피해자 진술조서에 반대되는 내용이 기재되어 있으면 상당히 당혹스럽습니다. 이때 피해자가 거짓말을 한다는 뜻은 아닙니다.

다만 누구든지 자신의 기억에 대하여는 겸손할 필요가 있다는 말을 하고 싶은 것입니다. 내가 법정에서 기억이 잘 안 난다고 하면 가해자가 풀려나고 무죄라도 받을까 봐 걱정하시는 분들이 많이 있습니다. 그러나 법정에서 증언하실 때에는 증언 당시의 기억으로 말씀하셔야 합니다.

이런 증언 방식도 좋습니다. "경찰에서 조사받았을 때에는 기억이 생생했고 거짓말을 하지 않았으니 당시 말한 것은 정확합니다. 다만 지금은 그때 일이 잘 기억하지는 않아 정확하지 않습니다"라고요. 이 정도도 충분합니다.

사건 발생일에서 1년 이상 시간이 지나 법정에서 증언을 하는 피해자들은 자신의 경찰 진술조서를 미리 열람·복사해서 한번 보는 것도 필요할 수 있습니다. 기억을 환기할 수 있기 때문입니다.

슬기로운 피해자생활

XVI

─────────── • ───────────

이런 사건 저런 사건

XVI

이런 사건 저런 사건

1. 소개팅에서

변호사로 살면 의심만 늡니다. 친구인 판사가 뉴스를 보다가 이렇게 말했다고 합니다. "저 사건의 진실은 보도랑은 틀려. 사실은 어쩌고저쩌고 한 건데 아직 다 파지 못해서 저 정도만 걸린거야"라고요, 듣고 있던 남편이 "자기 점점 이상해지는 거 알아? 점점 무서워져"라고 말했답니다. 애고, 법조계의 일을 하면 느는 건 의심뿐입니다.

믿는 친구의 소개로 소개팅을 했습니다. 상대남은 직업이 안정적이고 외모가 깔끔하고 잘생겼습니다. 그러나 그 남자를 믿지 마세요. 변호사의 말입니다. 첫 만남에서 술을 마시고 술에 취한 여성을 모텔로 데려가서 사건을 만드는 사람일 수도 있으니까요. 남자의 직업이 믿을만하다 해도 이것이 나의 안전을 보장하지는 않고, 친한 친구의 소개도, 집안도, 외모도 무색하게 상황이 전개될 수도 있습니다.

우리는 SNS 업로드와 핸드폰 촬영이 언제 어디에서든 가능한 세상을 살고 있습니다. 네이버의 인물란에 버젓이 나와 있는 사람이라도 그 사람의 성적인 건전성은 보장하지 않습니다.

누굴 만나도 첫 만남에 과도한 술은 자제하는 것이 좋습니다.

2. 똑똑한(?) 가해자 사건

어떤 여성이 강간 신고를 했습니다. 협박을 당해 어쩔 수 없이 성관계를 했다고 합니다. 그런데 가해자로 지목받은 남성이 현장 녹음을 하였고 이것이 경찰에 제출되었습니다. 이 녹음 내용에 협박은 없었습니다. 피해자인 여성은 당시 피의자를 자극하지 않기 위해 조심조심 말하였다고 진술하였습니다.

결국 이 사건은 무혐의 불기소 처분으로 끝이 났습니다. 특이한 것은 이 남성은 이 사건 이전에 성폭력 사건으로 대법원까지 가서 무죄판결을 선고받은 적이 있었고 이후 다른 성폭력 사건으로 신고되어 무혐의 처분을 받은 전력이 있었습니다. 보통 성폭력으로 경찰 조사만 받더라도 똑같은 상황이 발생하지 않게 행동을 조심하는 것이 일반적일텐데 이 남성은 같은 사건을 계속 만들고 동일한 수법으로 빠져나오고 있었습니다. 이 남성은 경찰과 법원에서 미꾸라지처럼 빠져나오는 것을 즐기고 있는 듯했습니다. 위험한 일입니다.

제가 보기엔 피해자가 거짓말을 하는 것 같지는 않았습니다. 그저 이 남성은 자신이 유리하게 상황을 만들고 이후에 현장 녹음을 하였습니다. 어떻게 하면 성폭력으로 유죄판결을 피할 수 있는지를 학습

슬기로운 피해자생활

한 사람인 듯했고, 경찰도 의심은 가는데 엮을 증거가 부족하다고 말했습니다.

3. 비정한 어머니

피해자는 7살이었고 어머니의 남자 친구가 피해아동을 만지고 성관계까지 했습니다. 가해자는 당연히 구속되었는데 가해자는 심신상실, 심신미약을 주장했습니다. 졸피뎀에 취하여 범죄를 저질렀고 고의는 아니었다고 주장했습니다. 여기에서 피해자의 어머니가 등장합니다. 피해자의 어머니는 가해자가 무죄라고 주장했고 졸피뎀을 가해자에게 준 사람이 바로 자기라고 말했습니다.

피해자의 어머니는 법정에서 피해아동의 친어머니인 내가 처벌을 원하지 않는다는데 당신들이 뭔데 재판을 하냐고 소리질렀습니다. 피해자의 변호사인 저는 피해자 조사 때에만 피해아동을 보았고, 그 이후에는 연락도 못했습니다. 피해자의 어머니가 피고인의 편이었고 피해아동과 연락할 방법이 사실상 없었습니다. 그러나 이 모든 재판에 참석했고 대법원 재판까지 의견서를 냈습니다.

저는 이 피해자가 혹시 나중에 나이가 들어, 혹시 재판기록을 보게 된다면, 자신을 위해 판사들이, 검사들이, 경찰들이, 그리고 피해자의 변호사인 저까지 최선을 다했다는 것을 알기 원했습니다. 그리고 혹시 피해아동이 이런 사실을 모른다고 해도 이 비정한 어머니에게 너무 화가 나서 재판이 끝나면 바로 일필휘지로 의견서를 썼습니다.

가해자 편에 서는 피해자의 가족들을 보면 마음이 아픕니다. 다른 어떤 말로 설명할 수가 없습니다. 다른 어떤 사건들보다, 어쩌면 성폭력 그 자체보다 더, 큰 상처를 피해자가 받을지도 모른다는 생각이 듭니다.

4. 원피스에 카디건

대학생 준강간 사건이 발생했습니다. 동아리 남자 선배와 여자 신입생이 술을 마셨고 술에 취해 의식을 잃은 이 여학생을 남학생이 모텔로 데려가 준강간 범죄를 저질렀습니다. 그런데 저는 당시 이 여학생의 옷차림에 관심이 갔습니다. 보통 학교 선후배 사이의 술자리는 캐주얼한 청바지나 편안한 옷차림인 경우가 많은데 이 사건 여학생의 옷차림은 원피스에 카디건으로 소개팅 나가는 느낌이었습니다.

사실 이 여학생은 이 남학생을 좋아했고 이 좋아하는 선배를 만나는 저녁 자리에 여리여리한 옷차림을 하고 나간 것입니다. 그러나 이 선배는 이 여학생의 짝사랑, 호감, 말 그대로 순정을 짓밟았습니다. 잠은 자는 동안 좋아했던 선배를 범죄자로 변해 있었습니다.

수사과 재판 과정에서 가해자와 가해자의 부모는 몇천만 원의 합의금을 제시하였지만 이 여학생은 끝까지 합의하지 않았습니다. 이 피해자는 저에게 자신은 원하는 오직 하나는 이 가해자가 1분이라도 더 형을 사는 것뿐이라고 말했습니다. 그리고 이 피해자의 염원대로 가해자는 초범임에도 불구하고 구속되어 결국 2년 6개월의 실형을 선고받았습니다. 피해자는 3심까지 합의하지 않았습니다. 충격과 배신감의 결과입니다.

슬기로운 피해자생활

5. 채팅앱 유감 1 - 어린이들 채팅앱 조심

초등학교 1학년 학생의 성추행 사건에 참여한 적이 있습니다. 아이는 7살이었고 또래보다도 한 살 어린 아이였습니다. 가해자는 30대 정도의 직장인이었습니다. 주거지도 다르고 나이도 전혀 다른, 접점이 없는 이들이 도대체 어떻게 만나게 된 것일까요?

바로 채팅앱이었습니다. 남성은 자신이 초등학교 6학년 남학생인 척하고 게임 앱에서 피해자를 알게 되었고, 이 남자는 아이에게 "사귀자, 만나자"라고 했습니다. 아이가 살고 있는 지역까지 와서 이 남성은 아이와 만나 과자를 사주고 아이의 몸을 만졌습니다. 대낮에 초등학교 근처에서 성추행 사건이 발생한 것입니다.

저는 너무 충격을 받았습니다. 7살 아이가 채팅앱으로 낯선 사람을 만난다는 것 자체가요. 아이가 이런 앱이 있다는 것은 어떻게 알고, 사람까지 만나는지요. 이 아이는 7살이었습니다.

초등학교 입학만 해도 아이들에게 핸드폰을 사주는 것이 대한민국입니다. 같은 반 아이들과 주로 카톡으로 이야기를 나누고 초등학생 문화에서 핸드폰이 없다는 것은 상상할 수 없고 왕따로 가는 지름길인지도 모릅니다. 한 선배 변호사는 아이가 중학생인데도 핸드폰을 사주지 않았다고 자랑스럽게 말하기도 했습니다.

이러한 사건들을 접하는 변호사다 보니 이 핸드폰이 아이들에게 얼마나 요물이 될 수 있는지, 문제를 일으킬 수 있는지를 절감합니다.

적어도 초등학교 아이들에게는 핸드폰을 소지하지 못하게 하는 법이라도 만들어야 하지 않을까요. 정말 아이 키우기 어려운 세상입니다.

요즘 아이들은 부모에게는 사생활 보호라는 이름으로 자신의 핸드폰을 보지 못하게 하고, 당당하게 말도 잘해서 남들에게도 척척 대응을 잘할 것처럼 보입니다. 그러나 아이는 아이일 뿐입니다.

오히려 아이들이 낯선 어른들 또는 또래 사이에서는 자존심도, 자존감도 없이, 시키는 대로 로봇처럼 움직이는 경우를 너무 많이 봅니다. 말도 안 되는 명령이나 요구에 얌전히 따르는 경우도 있습니다. 집안에서 아이의 모습으로 아이의 전체 성격이나 성향을 파악하는 것은 분명 한계가 있고 위험한 일이라는 생각이 듭니다.

낯선 사람에 대한 호기심 또는 마음의 빈자리를 채워줄 수 있을 것 같은 기대, 남녀 간의 사랑, 우연한 만남의 기대를 높이는 드라마들의 영향 때문인가요? 요즘 이런 유혹에 빠지는 아이들의 나이가 점점 더 어려지고 있습니다.

6. 채팅앱 유감 2 - 중고등학생들 어른과의 채팅 조심

중고등학생의 경우 채팅앱이 성매매의 도구로 활용됩니다.

중고등학생들이 채팅하면서 어른들과 대화를 하는데 어른들이 아이들에게 이상한 요구를 하고, 성매매나 어떤 사진을 요구하면서 돈을 주겠다고 합니다. 아이들은 이런 목적으로 자신에게 접근하는 어른들에 대하여 돈만 좀 뺏고 자신은 빠져나올 수 있을 거라 쉽게 생각합니다. '얼굴을 나오지 않게 자신의 몸을 잘 촬영해서 보내주면 된다', '이런 어른들을 상대할 수 있다'고 생각합니다.

이 아이들은 이런 행동의 대가로 돈을 받지만, 이 아이들이 가난

한 집의 아이들이 절대 아닙니다.

처음에는 약간의 노출 사진을 보내주면 문화상품권을 주겠다는
식의 메시지를 받고, 얼굴이 나오지 않는 사진은 안전하다고 생각하
고 아이는 자신의 신체 일부를 사진 찍어 자발적으로 전송합니다. 그
리고 약속을 지키라고 하면서 문화상품권 5만 원, 10만 원을 요구합
니다.

그러나 협상 과정은 결코 아이들이 원하는 방식으로 흘러가지 않
습니다. 그냥 보낸 사진 한 장은 이젠 협박의 빌미가 됩니다. "내가
이 사진을 너희 엄마에게 보내겠다, 너희 아빠에게 보내겠다. 너희 친구들
에게 보내겠다. 너희 학교에 뿌려 버리겠다. 네가 이런 사진을 찍어 보냈다
고 소문을 내서 얼굴을 못 들고 다니게 하겠다." 또는 "내 친구가 경찰이
다. 신고하겠다"라고 말합니다.

아이가 겁을 먹은 이후로는 가해자는 계속 수위 높은 사진들과
동영상을 요구하고 직접 만나 성적인 유린을 하는 경우도 있습니다.

어떤 아이는 문화상품권 받는 것에 몰두해서 동영상을 잘못 촬영
해서 보내기도 하는데 자신의 얼굴이 나오는 동영상을 보냈다고 합
니다. 이 아이는 카카오톡으로 사진을 일단 보내고 상대방이 확인하
기 전에 이 동영상을 삭제할 수 있을 거라고 생각했다고 합니다. 아
이는 아이지요.

일단 사건이 발생한 이후에는 아이가 이 사건을 얼마나 빨리 부
모에게 말을 해서 얼마나 빨리 사건이 노출되고, 사건이 해결되는지
가 관건입니다. 아이들이 형제가 있는 경우 좀 더 빨리 발각되기도
합니다. 남동생이나 언니가 피해자의 폰을 몰래 훔쳐보다가 이상한

것을 발견해서 부모에게 말하는 경우도 있습니다.

보통 학부모님들이 저와 나이가 비슷하고 우리 세대의 정서와 성교육 등등의 영향으로 비슷비슷한 생각을 가지고 살고 있는 사람들입니다. 낯선 사람을 조심하라고 배운 세대인지라 SNS를 통한 소통에 익숙하지 않고 어린 세대가 누군지도 모르는 상대방과 대화를 나누고 만남을 가지는 것 자체를 이해하기 힘들어합니다.

또한 더 나아가 아이들이, 너무 쉽게, 적은 돈에, 이런 사진을 전송한다는 것 자체가 너무 충격입니다. 10대 아이들이 너무 쉽게 SNS를 통해, 게임 앱을 통해, 채팅앱을 통해 사람들을 만나고 교류합니다. 또 너무 쉽게 자신의 몸 사진을 보냅니다. 상대방 낯선 아저씨일 수도 있고 또래의 남자 친구일 수도 있지만 아니 도대체 왜 이런 사진을 보내는지, 또 왜 이런 요구를 하는지 이러한 상황은 당혹스럽습니다.

그러나 어쨌든 아이가 이 일을 부모에게 말을 했다는 것은 다행 중 다행이고, 행운 중 행운입니다. 경찰이 개입하면 가해자는 잡히고 보통 중한 형으로 처벌받고 그리고 아이는 적어도 강간, 강제추행, 촬영 유포의 피해자가 되는 것을 막을 수 있으니까요. 이건 너무 감사한 일입니다.

요즘 'n번방 사건'으로 세상이 떠들썩합니다. 최근 채팅앱을 미성년자의 유해 앱으로 지정하는 법안이 논의 중입니다. 곧 실현이 될 것같지만 역시 근본적인 해결은 되지 않습니다.

7. 채팅앱 유감 3 - 중고등학생 채팅앱 만남이 성폭력으로

채팅앱의 만남은 강간으로 이어지기도 합니다. 사건 장소가 피해 아동의 집이 되는 경우도 있습니다. 가해자가 "니가 성매매하려고 했던 것을 니 부모에게 말하겠다", "니가 보낸 사진을 니 부모에게 보내겠다", "경찰에 신고하겠다, 같이 망하자" 이런 식으로 협박을 합니다.

가해자는 여중생에게 부모가 없을 때 집으로 나를 부르라고 했다고 합니다. 아이는 집에 아무도 없을 때, 가해자에게 메시지를 보내고 철통 보안이 되어 있는 아파트 안으로 가해자가 들어오게 하고 이 피해는 수년 동안 계속되었습니다. 이를 더 이상 참지 못한 아이는 죽고 싶다는 메시지를 SNS에 올렸고 사이버 경찰이 이를 인지해서 수사가 시작되었습니다.

집에 혼자 있는 아이, 10대 아이, 핸드폰을 가지고 있는 아이, 보안이 잘되어 있는 아파트에 살고 있는 아이, 우리 주변의 아이들이 이렇게 큽니다. 집에 있으면 내 아이는 안전할 거라고 어른들은 쉽게 생각하는데 전혀 아닐 수도 있습니다.

이런 이야기를 하는 것이 사건 예방에 도움이 되는 것인지, 자녀를 키우는 부모들에게 불안감만 가중시키는 것은 아닌지라는 염려도 됩니다. 청소년을 대상으로 이런 협박과 성적 유린, 성착취물을 제작하고 보관하는 사람들은 걸리면 중형을 선고받고 이는 당연한 결과입니다.

그러나 피해자의 충격과 그 부모의 충격은 이루 말할 수 없습니다. 피해가 장기화되는 경우도 많고 아이 스스로가 이런 상황을 부모에게 이야기하는 것을 어려워합니다. 친구에게 말했는데 친구가 학교에 알려 피해가 드러나기도 합니다.

왜 아이들은 부모에게, 학교 선생님에게 좀 더 빨리 이런 말을 하지 않았을까요? 어른들은 답답하기만 합니다.

8. 채팅앱 유감 4 - 청소년 아이들끼리의 채팅앱

고1 여학생이 서울에서 집을 나갔습니다. 아이가 발견된 곳은 대구였는데 고3 남학생의 자취방에서 함께 지내고 있었고 아이가 납치라도 된 줄 알았던 부모는 너무 충격을 받았습니다. 이 여학생과 남학생은 채팅앱으로 데이트를 하다가 만나게 된 것이고 여학생이 가출을 하면서 남학생의 집으로 간 것입니다. 처음에 부모는 여학생이 이 남학생에게 성폭력범죄를 당한 것이 아닌가 의심했지만 범죄 상황은 아니었습니다. 어떤 분이 이런 말을 하더군요. 미국에서는 꿈도 꿀 수 없는 일이라고요. 미국은 땅덩이도 크고 대중교통도 발달하지 않아서 10대 청소년이 장거리를 차 없이 이동하는 것이 쉽지 않고 그래서 미국에서 가출을 하는 것이 어렵다고 합니다. 우리나라는 땅도 좁고 대중교통이 너무 발달했고 또한 가격도 저렴한 편이어서 아이들이 마음만 먹으면 가출하기가 좋다고 합니다.

웃어야 할지 울어야 할지 모르겠네요. 그런데 이런 상황에 인터넷 강국으로 아이들끼리 전국 어디서나 채팅앱으로 사람을 만나 수 있는 환경까지 되어 버렸습니다.

아이들이 채팅앱을 통해 사진 등을 확인하고 연락을 주고받다가 만나는 일이 많고 성적 호기심이 많은 아이들이다 보니 첫 만남에서 성관계까지하는 경우도 있습니다. 10대 아이들이 누구는 포주, 누구는 성매매 여성의 역할을 하는 경우도 있습니다.

9. 채팅앱 유감 5 - 어른들의 채팅앱

성인의 채팅앱이 건전하고 좋은 인연을 만나는 도구로도 쓰이지만 범죄의 단초가 되기도 합니다.

채팅앱으로 만난 첫날, 술을 마시고 모텔로 가고 성폭력 사건이 발생하는 경우도 있습니다. 채팅앱에서 만난 사이는 상대방의 이름, 직업, 나이, 핸드폰 번호도 제대로 알지 못하는 경우가 많고 변호사인 저는 이런 앱을 너무 싫어합니다. 수사가 어렵기 때문입니다. 성인들의 만남이라 할지라도 너무 위험합니다.

요즘 이상한 유튜브 같은 것이 돌고 있는 모양입니다. 채팅앱으로 성매매 제안을 받았을 때 돈만 받고 튀는 법을 가르친다고 합니다. 20대 초반의 여성이 이런 식의 시도를 해보다가 강간이나 강제추행까지 당하는 경우도 있었습니다.

세상이 만만치 않고, 나보다 나이가 많은 사람들 대하기도 만만치 않고, 나보다 힘이 센 남성들을 대하기도 만만치 않습니다. 모든 상황을 너무 쉽게 자신에게 유리한 방향으로 전개되리라 생각하면 안 됩니다. 사회경험이 아직 부족한 사람들이 유튜브만 보고 혹하는 경우가 있는데 친구들과 이야기해보세요. 말리는 사람들이 있을 것입니다. 성공하면 사기꾼이고 실패하면 범죄 피해자가 될 수 있습니다.

광고는 마치 채팅앱으로 엄청난 운명의 사람이라도 만난 것처럼 나오지만 실상은 너무 위험합니다. 꼰대 변호사로서 경계하시라고 권합니다. 변호사 연차가 쌓여갈수록 잔소리도 쌓여갑니다.

채팅앱은 최악의 경우 성매매 온상이 될 수도 있습니다. 시간당 아니면 건당 얼마씩을 정하고 성매매가 음성적으로 이뤄지고 있고 보통 성매매는 불법이기 때문에 이러한 만남에서 성폭력 사건이 일어나면 사건 처리가 상당히 곤란한 경우도 많습니다.

10. "건전한 만남을 원합니다, 시간당 얼마"

이런 문구가 올라옵니다. 건전한 만남에 돈까지? 혹하십니까?

돈을 줄 테니 나를 만나 달라고 하는 요구가 최저시급의 몇 배가 되는 금액으로 이루어진다면 의심하는 것이 맞습니다.

처음에는 건전하게 차 마시면서 이런 이야기 저런 이야기를 하다가 남성이 돈을 올리면서 모텔 가자고 하는 경우도 있고, 완력으로 모텔로 이끌다가 경찰 신고가 되는 경우도 있고, 아예 모텔까지 가서 싸우고 나오는 경우도 있고, 모텔에서 강간이나 강간미수 상황이 벌어지기도 합니다.

또 요즘 불면증, 우울증 환자들의 수가 많기 때문에 수면제나 다양한 약물들을 쉽게 구할 수 있어서 낯선 사람과 커피만 마셔도 내 커피잔에 어떤 약물이 들어가게 될지 알 수 없습니다.

꼰대 변호사인 제가 보기에 돈을 받고 만나는 만남의 최종적인 목표는 "성"에 있다고 보아도 무방합니다. 위험한 모험은 그만두세

슬기로운 피해자생활

요. 이런 만남은 하지 마세요. 1시간에 10만 원 이상이 되는 돈을 처음 보는 여자에게 주고 그들이 원하는 것은 과연 무엇일까요? 그저 이야기하고 외로움을 달래고 커피 한잔 마시는 것이 전부일까요?

11. 남성의 완력을 우습게 보지 마라

어떤 여성이 남성과 함께 모텔로 갔습니다. 그냥 술 한 잔 마시자고 들어간 것이지요. 이 여성은 수년째 운동을 하고 있었고 남성이 왜소하고 말랐기 때문에 별걱정을 안 했다고 했습니다. 최악의 상황에서도 내 몸은 내가 지킬 수 있다고 생각했다고 합니다. 그런데 그런 최악의 상황이 오고 말았습니다.

피해자 조사에서 이 피해자는 "가해자가 삐삐 말라서 힘이 없을 줄 알았어요. 사실 힘이 그렇게 셀 줄 몰랐어요. 깜짝 놀랐어요"라고 말했습니다.

남녀의 육체적 힘의 차이를 무시하지 마세요. 성별 간 체력의 차이는 무시할 수 있는 가벼운 수준의 것이 아닙니다.

남성의 완력을 우습게 여기지 마시고, 자신의 힘과 체력을 과신하지 마세요.

12. 커피 한잔 하실래요?

길가다가 어떤 사람이 "커피 한 잔 하실래요?"라고 하면 뭐라고 대답할까요? 때마침 시간도 있고, 커피도 마시고 싶다면, 게다가 상대방이 호감형이라면, 그것도 해 쨍쨍한 대낮이라면요.

한 여성이 한 남성과 커피숍에 들어왔습니다. 남성이 주문하고 커피를 가지고 왔습니다. 여성이 커피를 몇 모금 마시고 그대로 의식을 잃었고, 깨어난 곳은 본인의 집이었는데 3일의 시간이 지나 있었습니다. 여성은 커피를 마신 이후 기억이 없다고 했습니다.

경찰 신고 끝에 이 남성은 체포되었는데 이 남성은 이 동일한 커피숍에, 적어도 3명의 여성을 유인하고, 커피에 약을 타 여성을 실신시켜 자신의 집으로 가서 간음했습니다. 피해 여성을 깨어난 뒤 택시를 타고 자신의 집으로 갔지만 이 기억은 하나도 없었습니다. 남성이 커피에 어떤 약물을 주입했다고 하는데 어떤 약물인지는 밝혀지지 않았습니다. 그러나 서로 모르는 피해 여성 3명이 가해자를 지목하고 비슷한 피해 상황을 진술하여 결국 범죄가 드러나게 되었습니다.

비슷한 신고가 계속되자 덜미가 잡혔고 이 남자는 감옥에 갔습니다. 낯선 이와 커피 한 잔도 못하는 세상입니다.

13. 졸피뎀 유감

수면 장애가 있는 여성이 있었습니다. 졸피뎀을 먹고도 잠이 안 왔다고 합니다. 그런데 사고가 생겼는데 몽롱한 중에 이 여성이 밖으로 나갔고 길가에 앉아 자고 있는 사이에 어떤 남자가 이 여성을 모텔로 데리고 가 간음을 하였습니다.

졸피뎀은 성폭력 사건에서 많이 등장하는 약물입니다. 요즘 수면 장애가 많고 수면제 처방이 많이 되는데 이것을 악용하여 커피나 음

슬기로운 피해자생활

료에 수면제를 넣어 성폭행을 하는 가해자들이 있습니다. 수면제는 매우 조심해서 복용하고, 관리를 잘해야 하는 약물입니다. 범죄 피해의 원인이 될 수도 있고 범죄에 악용될 수도 있기 때문입니다.

14. 포르노 리벤지

남녀가 사귀다가 헤어졌습니다.

이 남성은 아무 말 없이 여성의 핸드폰 카톡으로 성관계 동영상을 보냈고 친절하게 "나한테 동영상 있는 거 알지"라는 문자를 보냈습니다.

이것이 포르노 리벤지입니다. 이것은 명백한 협박입니다. 데이트를 하면서 남자친구의 요구로 성관계 동영상 촬영에 동의했다는 여성도 있지만 "남자친구를 믿지 마세요, 남편도 믿지마세요"라고 외치고 싶습니다.

헤어지고 나서 3개월 후 한 남성이 여성과의 성관계 동영상을 SNS에 올린 사건이 있었습니다. 여성의 거주지와 이름까지 넣어 편집한 동영상이었고 'ㅇㅇㅇ동 ㅇㅇ'이라고 자막을 넣었습니다.

이 남성은 결국 촬영죄와 유포죄로 구속되고 실형을 선고받았습니다. 피해자인 여성은 평범한 직장인이었는데 이런 동영상을 지워주는 회사에 월 300만 원씩 주고 동영상 삭제하도록 하였습니다. 그러나 이 영상을 완벽하게 지우기는 힘듭니다. 이 여성은 이사를 하고, 개명하였고, 혹시 나중에는 성형수술까지 할지도 모르겠습니다.

피고인은 자신이 술을 먹고 제정신이 아닌 상황에서 우발적으로 이 영상을 올렸다고 주장했지만, 술을 마셔 정신이 없고 의식도 없는데 영상을 편집하고 피해자의 실명과 거주지를 자막으로 만들어 넣을 수가 있을까요? 거짓말입니다. 피고인이야 3, 4년 감옥에 다녀오면 끝이지만 이 영상은 이후에도 떠돌아다닐 수도 있습니다. 어마어마한 피해입니다.

복사한 종이를 계속 복사하면 복사한 부분이 흐려지지만 동영상 복제는 원본과 화질이 동일합니다. 기하급수적으로 계속 복제되고 계속 인터넷에 올릴 수 있습니다. 정말 이것은 중대한 피해입니다.

그래서 불법 촬영과 유포죄는 더욱 강하게 처벌해야 합니다. 아예 가해자가 감옥에서 이 동영상을 다 삭제하는 것을 조건으로 출소한다는 판결을 내려야 할 것 같습니다.

15. 여성이 술에 취해있을 때

어떤 여성이 술에 취해 택시를 타고 집으로 가고 있었습니다. 잠시 이상한 느낌이 들어 잠에서 깼는데 누가 몸을 주무르고 있었고 정신을 차리고 보니 택시기사였습니다. 이 여성은 강제추행을 당했다고 하고, 택시기사는 아니다, 술에 취한 여성을 깨워 내리게 하려고 했다고 주장합니다.

어느 남자 고등학생이 학원을 다녀오는 길에, 같은 학교 여학생이 술에 취해 거리에 쓰러져 있는 것을 보았습니다. 이 학생은 여학생을 업고 여학생의 집까지 데려다 주었다고 합니다.

저는 "그러지 마라, 그냥 경찰에 신고해라"라고 말합니다. 술에 취한 여성과 스킨십은 괜한 오해를 혹은 유혹을 부를 수도 있습니다.

슬기로운 피해자생활

여성이 술에 취해있으면 경찰에 신고하세요. 몸을 만지지 마세요. 술에 취해 택시에서 내리지 않는 승객은 경찰을 불러 해결하십시요. 굳이 뒷좌석까지 가서 승객을 만지지 마세요. 오해인지 아닌지는 조사해보면 나옵니다. 남자 승객에게도 동일하게 행동하시는지 묻고 싶습니다. 블랙박스 화면을 켠 상황에서 이렇게 하는지도 묻고 싶습니다.

돕지 마세요. 경찰에 신고하세요.

요즘은 경찰조차 술 취한 여성에 대해 신체접촉을 조심하고 있습니다. 사업장에서 큰소리를 치면서 영업을 방해하는 여성이 있습니다. 이 여성은 업무방해죄의 현행범입니다. 경찰서로 연행해야 마땅하나 남자 경찰이 2명 출동하고도 손을 놓고 가만히 있습니다. 이 여성이 "왜 내 몸에 손대느냐, 성추행이다"라고 외치고 있기 때문입니다. 기가 막힌 상황이지만 결국 여성 경찰관이 현장에 도착할 때까지 마냥 기다립니다.

경찰도 이러합니다. 그런데 당신이 술에 취한 여성을 돕겠다고요?

16. 가해자가 죽었을 때

재판 중인 사건이 있었습니다. 10대 소년 4명이 술에 취한 여학생을 준강간했고 죄명은 합동준강간이었습니다. 3명이 순차적으로 피해자에게 몹쓸 짓을 했습니다. 4번째 남자아이는 피해자가 불쌍했는지 피해자에게 이불을 덮어주고 방에서 나왔다고 합니다.

3명은 구속되어 소년원으로 갔고 이 4번째 가해자는 불구속 상태로 재판을 받았습니다. 가해자들이 미성년자였지만 이 재판은 소년재판이 아닌 형사재판으로 진행되었고 이미 중형 선고가 예정된 사건이었습니다.

그런데 이 아이의 아버지가 제게 전화를 했습니다. 아이가 죽었다는 것입니다. 만 15세의 아이가 재판 도중에 죽는다? 저는 너무 충격을 받았습니다. 교통사고가 나서 아이가 즉사했다고 합니다.

오싹하고 무서웠습니다. 이 아이가 다른 아이들처럼 중범죄를 저질러 소년원에 구금되었다면 살았을까요? 아무튼 이런 사건도 있었습니다.

요즘은 강간사건이라고 하더라도 폭행의 정도가 심각한 경우는 많지 않았습니다. 폭행에 의한 강간 사건 자체가 많지도 않습니다.

하루는 경찰서의 피해자 조사에 참여했는데 저는 피해자의 얼굴을 보고 너무 충격을 받았습니다. 20대 초반의 어린 여성의 한쪽 얼굴이 멍이 들어 2배 정도로 부어 있었고, 얼굴색은 아예 파란색이었습니다.

저는 오랜 기간 성폭력 피해자 국선변호사 일을 해왔지만 피해자가 이렇게 심한 정도의 폭행을 당한 것을 처음 보았습니다. 가해자는 피해자보다 10살 이상이 많은 전 남자친구였습니다. 이 여성이 헤어지자고 하자 가해자가 범행을 저지른 사건이었습니다.

한두 달 후에 수사관이 전화를 해서 "가해자가 죽었다"고 말했습니다. 가해자는 건강한 30대의 남성이었는데 어떻게 죽을 수가 있을까요? 수사관은 "자살 같다"는 말도 했습니다.

한때 사랑했던 여자의 얼굴이 뭉개지도록 때릴 수 있었던 남자는

슬기로운 피해자생활

이미 자신의 영혼이 깨져버린 사람이 아니었을까요? 여성의 생명도, 자신의 생명도, 소중하지 않았던 사람이 아니었을까요? 이 사건은 이렇게 종결되었습니다.

70대 할아버지가 처제에게 약을 탄 술을 먹이고 강간을 시도한 사건이 있었습니다. 이 피해자의 유일한 가족은 언니밖에 없었는데 이 사건으로 가족관계가 다 깨졌습니다. 가해자는 집에서 쫓겨나 따로 살게 되고 피해자는 언니에게 연락하기도 어려워졌습니다.

재판 중에 법원에서 연락이 왔습니다. 피고인이 죽었다는 것입니다. 가해자 할아버지는 수사과정에서 건강했고, 법정에서 꼬장꼬장 자기 할 말을 다 했었는데 갑자기 죽었다고 합니다. 이 소식을 들은 피해자는 너무 억울하다고 호소했습니다. 가해자가 유죄판결도 받지 않고 죽었고, 자신은 언니와 절연하여 혼자 사는 것이 억울하다고 말했습니다.

저는 성폭력 피해자의 변호사로서 가해자가 살아서 당당히 죗값을 치르기 원합니다.

이런 식의 결말은 비겁한 것입니다. 남겨진 피해자는 정말 억울합니다.

17. 아동 청소년의 성매매

아동 청소년들이 자신이 아동 청소년임을 밝히고 "비건 알바", "조건만남"을 게시글을 올리는 경우가 있습니다. 성매매입니다. 제가 본 이런 아이들은 보통 우울증, 자해 등이 상당히 진행된 경우가 많았습니다.

함께 자살하자고 약속한 남자 어른에게 성폭력을 당하는 경우도 있었는데 (제가 보기에는 성폭력이지만 처벌할 수는 없을 수도 있습니다) 피해 아동은 '죽는 마당에 성관계를 하고 죽는 것도 나쁘지 않지'라고 생각했고 합니다. 그러나 같이 죽겠다던 어른은 성관계가 끝나고 도망가 버렸습니다.

어린아이들의 이런 이야기를 듣고 있으면 변호사인 저도 마음이 무겁습니다. 도대체 무엇이 이리 어린아이들에게 이런 행동까지 나가게 했을까요?

이런 아이들의 행동에 동조하고 연락하는 어른들의 행태도 너무 충격적입니다.

이 아이들이 가출 청소년도 아니고 부모가 없지도 않습니다. 피해 아동의 부모들은 평범하게 키웠다고 생각하는데 이런 일이 생기다니. 그 좌절과 상심이 큽니다.

18. 잘생겼다고 말하면 안 되나요?

준강제추행 사건이었습니다.

여성이 남성의 팔베개를 하고 자는 상황에서 남성이 여성의 몸을 만졌고, 만진 부위가 피해자의 음부와 가슴이었습니다. 가해자가 피해자의 옷 안으로 손을 넣어서 피해자의 신체 여러 부분을 만진 것입니다. 아무리 팔을 베고 자고 있는 상황이었다고 하더라도 몸을 뒤척거리면서 자연스럽게 몸을 스친 것도 아니고, 옷 속으로 손을 넣어 여성의 신체를 만진 것은 명백히 준강제추행입니다. 그러나 경찰에서 이 사건에 대하여 무혐의 판단을 하였고 저는 너무 당황스러웠습니다. 불송치 이유서에 여러 가지 정황이 쓰여 있었는데 두 사람이 잠들기 전 피해자가 피의자에게 잘 생겼다고 하면서 호감을 표시하였다라는 부분이 쓰여 있었습니다.

정작 피해자는 이런 말을 한 적조차 없다고 했다. 그러나 설사 피해자가 이런 말을 남자에게 했다고 하더라도 이것이 준강제추행 사건과 무슨 관련이 있단 말인가요? 여성이 남성의 팔베개를 하고 잔 행동이 "당신 내 옷으로 손을 집어넣어 내 몸의 아무 곳이나 만져도 된다"는 허락의 의미는 아니지 않은가요? 여성이 남성에게 잘생겼다고 말하면 이것이 호감을 넘어서 어떤 성적인 행동을 동의하는 의미가 되는가요? 말도 안 되는 이야기입니다. 그러나 강제추행 불기소 이유서에는 이런 스토리가 자주 등장합니다.

19. 좋게 헤어지려고 했어요

오랫동안 사귀어 온 남녀가 있었습니다. 어떤 사정으로 여자 쪽에서 이제 그만 헤어지자는 말을 했는데 남성은 여성과 여성의 가족들을 상대로 온갖 폭언과 욕설, 협박을 하면서 성관계를 이어나갔습니다. 당시의 녹음파일을 들어보면 너무나 기가 찹니다. "너를 죽이고 나도 죽겠다", "너희 집에 불을 질러 버리겠다", "평생 도망 다니면서 살게 해 주겠다" 등등 믿지 못할 폭언과 협박의 연속이었습니다.

이런 사건에서 피해자는 즉각적으로 신고하기 어려워합니다. 수년간 연인 관계였던 가해자를 경찰에 신고하는 것이 쉽지 않겠지요.

피해자는 가해자를 잘 달래고 설득하면 좋게 헤어질 수 있다고 생각했다고 말합니다. 결국 피해자는 가족들까지 가해자의 위협에 노출되고 나서야 어렵게 고소를 결심했습니다. 보통 수개월에서 수년동안 협박, 주거침입, 강요, 강간 등 행위가 지속되고 가해자들이 구속되는 경우가 많습니다.

이런 사건에서 피해자의 심신은 그야말로 처참해지고 공포와 불안을 느끼면서 간신히 수사과정과 재판 과정을 지납니다. 피고인은 법정에서는 정말 순한 사람인 듯 보여서 피해자에게 극악한 폭언과 협박을 하던 바로 그 사람이라는 것이 잘 믿기지 않을 때도 있습니다.

대부분 이런 사건에서 피해자들은 피고인이 석방되고 나를 찾아오지 않을까? 내 가족을 찾아오지 않을까? 보복하지 않을까? 걱정하고 두려워합니다. 오랜 기간 사귀는 사이였기 때문에 가해자는 이미 피해자의 개인정보를 너무 많이 알고 있습니다. 그래서 요즘 피해자들은 이름을 개명하고 주민번호까지 바꾸고 이사를 하고 이직을 하기도 합니다.

잘 헤어진 것입니다. 대가가 컸지만 이런 사람과의 관계를 유지하는 것은 인생을 더 파괴합니다. 데이트 상대방이 폭력적인 성향을 보인다면 결단하고 헤어져야 합니다. 인정과 연민에 흔들리지 말고 조금은 빠르게, 조금은 냉철하게 결단하시길 응원합니다.

슬기로운 피해자생활

20. 전학생 사건

초등학교 5학년 아이가 전학을 갔습니다. 이 아이는 반 친구들과 친해지고 싶었습니다. 반에서 인기 있는 남학생 집에 반 친구들 몇몇이 재미있게 놀았다는 사실을 듣고 이 남학생에게 "나도 너희 집에 가서 놀고 싶다"고 졸랐습니다.

그래서 남자아이 2명, 여자아이 3명이 이 남학생의 집으로 가서 놀기로 했습니다. 이 여학생이 이 남학생의 집으로 갔을 때 방에는 반 남자아이 3명뿐이었는데 2명의 여학생은 학원을 들렀다 좀 늦게 온다고 하였습니다.

남자아이 2명은 컴퓨터로 게임을 하고 있었고, 집주인인 남자아이는 여자아이의 양팔을 잡더니 침대에 눕히고 부비부비를 하였습니다. 여자아이가 놀라 "하지 마. 싫다고, 나도 여자라고" 이렇게 말했는데 여기에서 컴퓨터 게임을 하던 두 아이는 잠시 게임을 멈추고 침대 쪽을 보았습니다. 그리고는….

그리고는 다시 컴퓨터 화면에 고개를 돌리고 게임을 하였고 피해자는 너무 화가 났지만 이 사건을 아무에게도 말하지 않았습니다.

문제는 다음날 발생했습니다. 이 컴퓨터 게임을 하던 두 아이가 학"000랑 AAA은 어쩌고저쩌고 했대요"라고 소문을 냈습니다. 선생님이 아이들을 불러 무슨 일이 있었는지 물었고 피해자의 피해 사실도 드러났습니다. 이 순진한 아이는 "(가해자에게) 나쁘게 대한 적이 없는데 자신에게 왜 이런 행동을 했는지 모르겠다"고 말했습니다. 피해아이는 아직 추행이 무엇인지 몰랐고 다만 기분이 나빴던 것입니다.

여기에서 제가 말하고 싶은 것은 이 가해학생이나 피해학생이 아닌 같은 방에 있던 2명의 아이들입니다.

만약 이 아이들이 초등학생이 아니라 대학생이라면 경찰이나 검사는 이들을 공범으로 수사할 것입니다. 수개월 경찰에서 검찰에서 고생을 좀 한 이후에야 자유로울 수 있을 것입니다. 공모가 없었으면 공모의 증거는 나오지 않을 것이기 때문에. 적어도 참고인조사를 받을 것이고 법정에 증인으로 불려 다닐 가능성도 있습니다. 수사관은 같은 방에 있던 2명의 친구에게 "너희들 강제추행 상황을 돕기 위해 짠 거 아니야? 망을 봐준 게 아니야? 여학생이 오기 전에 너희들끼리 무슨 말을 했어? 너희들 카톡 좀 열어봐"라고 물을 것입니다. 여차하면 합동범으로 특수강제추행으로 3명을 모두 처넣을 기세로 말입니다.

이 사건에서 3명의 남학생들이 여학생을 함께 추행하기로 하거나, 1명이 추행하는 것을 다른 2명이 도와주지는 않았습니다. 엄밀하게 보면 이들이 공범은 아닙니다. 하지만 같은 반 여학생이 범죄피해의 위기에 처했는데 이를 모른척한 것 자체가 문제가 있습니다.

만약 당신이 이 방 안에 있었다면 어떻게 하시겠습니까?

당신이 이 컴퓨터 게임을 하던 2명의 학생 중 한 명이라면 침대로 가 가해자를 말리고 피해자가 집으로 가도록 도우시겠습니까? 변호사로서 저는 이것이 당신의 안전을 지키는 길이고, 피해자를 돕는 길이라고 말하겠습니다. 당신의 양심을 지키는 길이라고 말하겠습니다.

두 친구가 술집에서 술을 마시고 있었습니다. 한 친구가 옆자리에 앉아 혼자 술을 마시는 여성을 보면서 "내가 오늘 저 여자 어떻게 한다"라고 하는 말을 하였습니다. 그 남성은 한 여성과 인사하더니 술을 주거니 받거니 했습니다. 다른 친구는 곧 자리를 떠야 하는데 당신이 이 친구라면 어떻게 하겠습니까? 그냥 모르는 척 이 자리를 빠져나오겠습니까? 아니면 '여동생도 있는 내가 이 상황을 그냥 넘어갈 수 없지'하고 경찰 신고부터 하겠습니까?

이 친구는 밖에 나와 불법 주차 신고를 했다고 합니다. 차가 견인되고 범행을 계획했던 남자는 자신의 범행 계획은 잊은 채 헐레벌떡 자신의 차를 찾으러 나갔습니다.

우리는 범죄 상황에서 가해자나 피해자보다는 제3자의 위치에 설 가능성이 제일 클 수도 있습니다. 이때 당신은 제3자로서 어떻게 행동하시겠습니까? 범죄가 발생하지 않게 어떤 작은 역할이라도 기꺼이 하겠다고 결심하신다면 길은 있습니다.

XVII

이런 말, 저런 말

XVII

이런 말, 저런 말

1. 피해자의 남녀 비율

저는 가끔 성폭력 예방 강의도 합니다. 강연에서 "여러분, 제가 지금까지 1,000건 정도의 사건을 하였습니다. 이 중 피해자의 남녀 비율이 어느 정도 될까요?"라고 자주 질문합니다. 성폭력 실상에 대해 어느 정도 인식을 하고 있는지 궁금하기 때문입니다. 청중들의 대답은 다양한데 정답을 맞히는 경우가 거의 없습니다. 성폭력 피해자 중 여성 비율에 대해 50%, 60% 70% 등등 많은 답변이 나옵니다.

물론 제가 경험한 사건을 표본으로 하는 경험적인 대답이므로 정확한 것은 아닙니다. 그러나 성폭력 피해자 국선변호 활동을 하는 동료들과 이야기를 해봐도 남녀 비율에서 큰 차이는 없는 듯합니다.

답을 말하자면 제가 맡은 1,000건 정도 성폭력 사건에서 남성 피해자는 단 3명이었습니다. 피해자의 약 99.7% 이상이 여성이었습니다.

2. 가해자의 남녀 비율

드라마에서는 여성 직장 상사, 여성 교수가 남성 부하직원이나 남학생을 성추행 경우의 장면이 심심치 않게 등장합니다. 그러나 실재는 다릅니다. 남성에 의한 여성에 대한 성폭력 사건은 작가들에게 혹은 교수님들에게는 식상한 주제인가 봅니다. 그러나 현실에서 성폭력 사건의 가해자와 피해자의 남녀의 비율은 매우 분명하고 편향적입니다. 사실 가정폭력 사건도 마찬가지입니다.

여성이 남성을 상대로 성폭력 범죄를 저지르는 경우는 단언컨대 현실에서 자주 발생하지 않으며, 이런 사건이 생긴다면 정말 신문에 날 노릇입니다.

제가 담당한 사건에서는 적어도 여성 가해자는 없었습니다.

하루는 법정에서 여성 피고인이 성폭력 사건으로 구속되는 것을 본 적이 있습니다. 유일하게 성폭력 사건 피고인이 여성인 사건을 경험한 것입니다. 이 사건의 피고인은 20대 중반의 여성이었고, 여자 3명(a, b, c)은 친구 사이였습니다. 그중 a가 주변 사람들에게 b, c의 욕을 하고 다녔다고 소문이 났고, 이를 듣고 격분한 b, c는 a의 집으로 가 문을 잠그고 a를 나체 상태로 만들고 핸드폰으로 촬영을 하고 협박을 했습니다. b, c는 특수감금과 촬영, 협박 등으로 구속까지 되어 재판을 받았습니다.

슬기로운 피해자생활

3. 서울과 지방의 차이

저는 서울, 경인 지역에서 성폭력피해자 국선변호사로 활동하고 있습니다. 적어도 제가 경험한 경찰과 검찰, 법원은 피해자를 대할 때 조심하고 신중한 자세를 취하려고 노력합니다. 또 매년 이러한 노력이 더해지고 있습니다.

그러나 가끔 지방에서 재판이나 경찰 조사에 참여할 때는 현실과 제도의 괴리가 크다는 인상을 받습니다. 서울에서 일어난 성폭력 사건의 피해자가 부산에서 살고 있어서 부산에 내려가서 피해자 조사 과정에 참여한 적이 있는데 장소는 부산해바라기센터였습니다. 조사관은 부산해바라기센터가 생긴 이래 피해자조사에 변호사가 참여한 것이 처음이라고 말했습니다.

부산지역에서는 피해자의 국선변호사로 선정이 되어도 변호사가 조사 참여까지는 잘 안 한다는 것입니다. '부산 변호사들은 먹고 살만 하구만'이라는 생각까지 들었습니다. 지방에서의 국선변호사제도가 잘 운용이 되지 않으면 성폭력 전담 국선변호사를 검찰청에서 뽑으면 되는데 이것이 잘되지 않는 모양입니다.

전라도 지역의 경찰분과 이야기 나눌 기회가 있었는데, 이 지역도 경찰 조사에서 피해자 국선변호사가 조사 참여하는 일이 거의 없다 하더군요.

서울과 지방 지역에 따라 특정 제도의 운용에서 차이가 나는 것은 심각한 문제입니다. 특히 여성에 대한 인식, 성폭력에 대한 인식이 지방의 경우 좀 더 보수적이고 봉건적일 수 있는데 지방 국선변호사의 활동은 더 보장되어야 합니다.

실제로 경주 지역의 한 여성은 성폭력을 당하고 고향에서 바로 신고를 하지 못했는데, 주변 사람들이, 특히 자신의 가족들이 피해자인 자신을 비난할 것이라고 생각했기 때문이라고 말했습니다. 이 여성은 서울에서 직장생활을 한 이후 수년 전 당했던 성폭력 사건을 고소하였습니다.

경기 지역의 한 성폭력 상담소의 상담원 분은 "ㅇㅇ지청 진짜 심각하다"라고 말을 하신 적도 있습니다. 무혐의 처리비율이 높고 피해자 조사 때 부적절한 질문을 하는 수사관이 있고 판결 결과도 엉망이라는 말이었습니다. 그래서 가급적 피해자분들에게 사건에 대한 관할이 여러 개인 경우 서울 지역 경찰에 고소를 하시라고 권한다고 했습니다. 그리고 이렇게 하면 서울 경찰서에서 고소장을 낼 수 있냐고 물었습니다.

이렇게 각 지역에 따라 성폭력 사건 처리 과정이나 결과가 달라지는 것은 막아야 합니다. 이 간극을 좁히려면 지방의 국선전담 피해자 변호사의 수가 늘어나야 합니다.

4. 유명한 사람의 성폭력 사건의 처리가 중요한 이유

성폭력 사건에서 가해자가 유명 정치인이거나 배우라던가 아니면 피해자가 여자 연예인인 경우가 있습니다. 본질은 성폭력 사건인데 정치적인 영향력이나. 개인의 인기, 남녀의 대결구조 등 비본질적인 이슈로 여론과 언론이 뜨거워지는 때가 있습니다. 솔직히 저는 제

사건 이외에는 그리고 제 피해자 이외에는 관심이 없습니다. 다른 성폭력 사건은 그 사건의 담당자들이 알아서 잘 처리하리라 생각합니다.

그런데 안타깝게도 저의 피해자들은 그렇지 않습니다. 구하라의 첫 자살 시도가 있었을 때 제 피해자 중 한 명이 자살 충동을 느꼈다고 말했습니다. 동료 변호사의 피해자는 박원순 사건이 언론에서 크게 보도되었을 때 생을 마감했습니다. 저는 저의 피해자들이 저처럼 다른 사람들의 성폭력 사건 보도에, 사람들의 편향과, 바람 같은 언론에, 관심을 가지지 말고 철벽을 치고 일상생활을 꿋꿋하게 해나가기 원하지만 사실은 쉽지 않습니다.

유명인의 성폭력 사건이 일반인 성폭력 피해자에게 미치는 영향은 사실 너무나 큽니다. 진짜 너무나 큽니다. 그래서 이런 사건들이 더욱더 공정하고 올바로 수사되고 재판되고 나쁜 놈들이 적절한 형량으로 처벌받아야 합니다.

정치 빼고, 인기 빼고, 온갖 '카더라 통신'과 소문을 빼고, 사건의 본질만 보고 잘 처리되기를 기도합니다. 그래서 제 사건의 피해자들과, 다른 사건의 피해자들 모두, 용기를 얻을 수 있기를 바랍니다.

5. 댓글도 조심하자

온라인에서 유명인의 성폭력 사건을 두고 너무 함부로, 쉽게 댓글을 다는 것도 삼가주시기 바랍니다. 비슷한 범죄를 겪고 난 피해자들도 이 댓글들을 보고 심지어 열심히 보기 때문입니다.

성폭력 사건에서 피해자에게 낙인을 찍어 욕하면 안 됩니다. 특정 성폭력 피해자들에 대한 욕설과 댓글을 성폭력 피해자는 모두 자신에게 던져진 말로 받아들입니다. 진짜 피해자들이 너무 힘들어합니다.

저는 피해자들에게 유사 사건에 대한 검색이나 글 읽기를 자제해 달라고 말을 하지만 제 말을 지키는 피해자 거의 없는 것 같습니다. 우리나라에서 이슈가 되는 사건을 검색하지 않는 것은 쉽지 않습니다. 보지 않으래야 보지 않을 수 없고, 듣지 않으려 해도 듣지 않을 수 없습니다. 무심코 던진 돌멩이에 개구리는 맞아 죽는다고 했습니다. 진실을 정확하게 아는 것이 아니라면 피해자를 향한 추측과 공격은 그만하십시오!

6. "괜찮으세요"

일본 여행을 갔을 때 매우 인상적인 장면이 있었습니다. 교토의 한 기차역 계단에 어느 중년의 남자가 앉아 있었고 지나가던 아주머니가 계단에 앉아 있던 그 사람을 향해 물었습니다. "다이죠부(だいじょうぶ)"라고요. 일본말을 모르는 저도 무슨 말인지 알겠더라고요. 이 아주머니는 지하철역 계단에 앉아 잠시 쉬고 있는 낯선 사람에게 괜찮냐고 물어본 것입니다.

지하철에서 강제추행을 당한 여성이 있었습니다. 주변 승객들이 강제추행 장면을 보고 피해자에게 알려주거나 직접 가해자를 잡고 경찰에 신고하는 경우도 있습니다. 이렇게 범죄현장에서 주변 사람들의 도움을 받은 피해자들은 자신을 도와준 이 낯선 사람들에게 감

슬기로운 피해자생활

사하고, 사건에서 벗어나는 것도 빠릅니다. "제가 안 좋은 일을 당했지만 도와주신 분들이 있어서 너무 고마웠어요"라고 말합니다.

어떤 강제추행 피해자는 전동차에서 꽥 큰소리를 질렀고, 가해자에게 "어딜 만져요", "도와주세요. 이 남자가 제 엉덩이를 만졌어요"라고 크게 말했습니다. 그런데 주변 사람들이 그냥 조용하기만 했고 심지어 피해자 옆에 서있던 한 아주머니는 "살면서 이런 일도 있는 거야. 아가씨 그냥 참아"라고 말을 했다고 합니다. 이 피해자는 강제추행 피해를 당한 것도 큰 충격이었지만, 주변에서 아무도 자신을 도와주지 않았던 전동차 내의 상황이 더 끔찍했다고 말했습니다.

성폭력 범행 현장에 혹시 있게된다면 피해자에게 한마디 해주시겠습니까? "괜찮으세요?"라고요. 이 말 한 마디면 충분합니다. 그 피해자는 당신의 딸이나 당신의 누이일 수도 있고 당신의 동료일 수도 있지 않겠습니까? 긴박한 범죄의 순간 "괜찮으세요?" 한마디면 피해자의 트라우마도 지울 수 있습니다. "신고해 드릴까요"도 참 고마운 한마디입니다. 피해자에게 참으라는 말을 하고 싶으시다면 차라리 입을 다물어주세요.

우리는 상대방이 고통스러울 때 어느 정도의 고통을 공감할 수 있는 사람들이기 때문입니다. 어떤 피해자는 피해사실에 크게 동요하고 이것이 외부로 그대로 표출되기도 하지만 어떤 피해자는 오히려 놀라고 불안한 마음에 입에 떨어지지 않는다고 합니다. 표현은 달라도 다 동일한 피해자입니다. 피해자의 모습에 따른 판단은 접어두고 "괜찮으세요?"라고 말해봅시다.

7. 피해자의 복

범죄 피해자에게도 복이 있습니다. "이 변호사가 무슨 말을 하는거야?", "얼마나 재수가 없으면 범죄를 당했겠어?"라고 말씀하실 것입니다. 그러나 변호사들끼리 이야기를 하다 보면 내 의뢰인이 판사 복이 있다 없다. 경찰 복이 있다 없다 이런 말을 하게 됩니다.

7살 어린이가 어린이집 선생님한테 강제추행을 당했습니다. 선생님이 아이의 성기를 수회 걸쳐 만진 사건이었습니다. 아이의 진술을 나왔지만 수사관은 이 어린이집 CCTV 6개월치를 계속 돌려보았고 범행현장을 찾아냈습니다. 수사기간은 너무 길었지만 결국 이 선생님은 유죄판결을 받았습니다.

아이는 그냥 엄마와 목욕을 하면서 "선생님도 여기를 만졌어"라고 말하였습니다. 날짜도 모르고 장소도 어린이 집이라는 것 외에 구체적인 진술이 나오기 어려웠습니다. 특히 어린아이가 피해자인 사건은 유도신문이 절대적으로 금지되기 때문에 수사관이 더 추궁하기도 어려웠고 또 여러 번 조사하기도 불가능했습니다.

수사관은 필사적으로 CCTV 확인에 매달렸고 이 증거 덕에 가해자는 실형을 선고받았습니다. 이 수사관님과 통화를 하게 되었는데 "변호사님. 저도 또래 아들이 있어요. 그래서 6개월 동안 눈알이 빠지도록 동영상을 봤어요"라고 말했습니다. 이것이 피해자의 복입니다.

물론 경찰은 사건을 성실하게 수사해야 합니다. 그러나 수개월 분량의 동영상을 계속 돌려보고 언제인지도 모를 범죄 현장을 찾아낸다는 것은 쉬운 일은 아닙니다.

비록 범죄를 당했지만 그 이후 수사과정에서, 재판 과정에서 친절하고 성실한 사람, 능력 있는 수사관과 재판관을 만나는 것은 피해자의 복입니다. 재판 과정에서 검사님이 법정 복도까지 나와 피해자의 어머니의 손을 잡고 위로할 때도 있고, 판사님이 거친 피고인 변호사를 제재하고 경고하고 피해자에게 위로의 말을 전하기도 합니다. 이런 일이 당연한 듯하나 자주 일어나는 일이 아닙니다.

저는 여기저기 돌아다니고 여러 경찰, 검사, 판사를 만납니다. 그래서 저는 압니다. '이런 판사님 만나 참 감사하다', '이런 검사님 만나 참 감사하다', '이 수사관님 정말 잘해주시는구나'라고요.

그러나 이런 일이 전부 처음인 피해자들은 잘 모를 것 같습니다. 뭐라 설명하기도 어렵습니다. 수많은 사건에서, 피해자가 마주치는 절차와 절차에서, 보이지 않는 누군가의 능력과 배려가 존재하기도 합니다.

특별한 열심, 특별한 애정으로 피해자를 대하시는 경찰, 검찰, 법원의 모든 분들게 경의를 표합니다.

XVIII

---•---

피해자분들에게

XVIII

피해자분들에게

1. 명예훼손죄 조심하세요

가해자의 직장에 전화해서 "○○○ 직원이 성폭력 사건으로 조사받는 거 알고 계시나요?"라고 말을 한 피해자가 있었다. SNS에 "이런 사람이 △△ 공기업에 다닌다니 한심하다"라고 글을 올린 피해자도 있었다.

사실 성폭력 피해자들은 이런 일을 하고 싶은 유혹을 느낍니다. 성폭력 피해자인 자신의 일상이 망가졌는데 가해자는 멀쩡히 직장 다니고, 여행 다니고, SNS에 행복한 사진을 올리면 피해자는 힘이 듭니다. 그래서 피해자는 가해자도 고통을 경험하기를 원합니다. 가해자들이 주변의 가족이나 직장동료나 친구들에게 비난받기를 원합니다. 이해 못 할 바 아니지만, 그러나 변호사로서 피해자에게 "성폭력 피해도 억울한데 가해자 때문에 명예훼손 전과까지 얻고 싶냐"는 말을 꼭 합니다.

가해자의 회사나 가족에게 범죄사실을 알릴 수는 있습니다. 회사의 인사과에 혹은 가해자의 직장 상사에게 가해자의 비위 사실을 말하는 것은 명예훼손죄에 해당하지 않습니다. 가해자의 가족에게 사건을 말하는 것도 명예훼손죄 성립 가능성은 없습니다. 피해자에게 안전한 방법입니다(다만 가해자의 가족을 직접 만나 말한다면 육탄전까지 갈 가능성이 있으니 말리고 싶습니다).

그러나 SNS에 가해자의 신상과 범죄사실을 올리는 것은 위험합니다. 증거가 확실히 남고 100% 명예훼손죄나 모욕죄로 처벌받을 수 있으니까요. 가해자에 대한 어떤 정보를 세상에 공개하고 싶을 때는 신중하셔야 합니다. 성폭력 피해자가 다른 어떤 범죄의 피의자로 조사까지 받는다면 이것은 너무 억울한 일입니다.

2. 공갈죄 조심하세요

가해자나 가해자의 가족과 직접 합의금을 이야기하지 마십시오. 녹음당하고 고소당할 수도 있습니다. 변호사를 통해 합의하시고, 변호사를 통해 합의금을 제시하세요. 안전하게 합시다!

피해자가 가해자를 만나 피해사실을 말한 것 자체를 협박으로 고소한 사람도 있었습니다. 피해자가 합의금을 요구하는 것 자체는 협박이 아니고, 고소하겠다고 말하는 것 자체도 협박은 아닙니다. 그러나 아무튼 피해자나 피해자의 가족이 직접 가해자나 가해자의 가족을 만나면 선을 넘는 부적절한 말이 나올 수도 있겠지요. 변호사에게 맡겨주세요.

3. 위증죄도 조심하세요

피해자가 자신의 기억에 반하는 거짓증언을 법정에서 하는 것은 안 됩니다. 거짓말은 안 됩니다. 차라리 입을 다물거나 법정에 안 나오는 것이 낫습니다. 제 사건 중에 피해자가 위증죄로 처벌받은 경우는 없었고, 위증죄 자체가 쉽게 성립하는 죄도 아닙니다.

그러나 가해자가 성폭력 피해자를 위증죄로 고소하는 것은 막을 수 없습니다. 꼬투리를 잡고 피해자를 끝까지 괴롭히는 이상한 가해자가 존재합니다.

4. 민사소송할 때 청구금액은?

성폭력 피해자가 가해자를 상대로 민사소송을 하면 손해배상금액을 얼마로 정해야 할까요? 피해자 입장에서는 무조건 1억 원이든 2억 원이든 청구금액을 크게 해서 소를 제기하고 싶겠지만, "이것은 안 됩니다."

우리나라 법원에서는 내가 범죄피해를 입고 이 사건으로 내가 출근도 못하고 정신적 고통이 컸다고 해서 피해자가 입은 모든 손해를 전부 손해배상금액으로 인정하지는 않습니다. 오히려 각 범죄의 죄명 별로 대충의 손해배상액의 범위가 존재하는 느낌이 듭니다. 강제추행을 당하고 1억 원을 손해배상 청구소송을 하면 안 됩니다. 보통 강제추행 불법행위에서 민사 판결로 인정되는 손해배상금은 300만 원에서 600만 원 사이가 제일 많았습니다.

그럼 왜 변호사가 이렇게 소송하면 안 되냐고 하는지를 설명하겠습니다.

피해자가 1억 원의 손해배상 청구소송을 했을 때 판사가 손해배상금 500만 원으로 판결을 했다고 가정합시다. 피해자인 원고는 500만 원과 그 이자를 가해자로부터 받으면 됩니다. 문제는 소송비용입니다. 우리나라 민사소송에서는 소장에서의 청구금액과 판결금액의 비율에 의하여 원고가 소송비용을 물 가능성이 있습니다.

1억을 청구하고 500만 원 판결을 받으면 소송비용의 95%는 원고가, 5%는 피고가 부담한다는 판결이 나올 수 있습니다. 피고가 변호사 수임료와 송달료로 600만 원의 비용을 썼다면 이 중 95%인 570만 원을 원고가 피고에게 지급할 일이 발생할 수도 있습니다(물론 실제로 재판에서 이런 식으로 계산하지는 않겠습니다만). 원고는 일부 승소를 하고도 상대방에게 돈을 물어줄 수도 있습니다. 여성가족부에서 소송구조로 피해자를 돕는다하더라도 소송비용 부분은 지원하지 않습니다.

그래서 성폭력 피해자가 민사소송을 제기할 때에는, 유사한 다른 사건의 판결금에서 약간 상회하는 금액으로 청구금액을 정하곤 합니다. 소송비용의 부담을 덜기 위해서입니다.

형사사건 피해자가 민사 손해배상청구를 하는 경우 판사들은 친절하게 소송비용은 각자 부담한다라고 판결을 해주시거나, 조정을 유도해서 피해자인 원고가 이런 부담을 가지지 않도록 배려하는 경우도 많습니다. 그러나 원칙은 원칙이라 성폭력 사건의 피해자인 원고는 주의할 필요가 있습니다.

슬기로운 피해자생활

5. 스트레스는 푸세요

범죄를 당한 경우 일단 피해자는 컨디션이 좋지 않고 불쾌하고, 억울하고, 그리고 화가 납니다.

성폭력 범죄 중에 가장 가볍다고 판단되는 강제추행의 경우도 출퇴근길에서 범죄 피해를 입고 지하철이나 택시를 아예 타지 못하게 되는 경우도 있습니다.

모르는 사람에게 당한 준강간은 또 어떻겠습니까? 촬영은 당하지 않았을까 하는 그 불안감에 집 밖으로 나가기도 어렵다는 호소를 하는 피해자도 있습니다.

아는 사람에 의한 강간 등 범죄, 친족 관계의 범죄는 반드시 전문가의 도움을 받고, 장기간의 심리상담 과정을 거쳐야 합니다.

제가 보기에 가장 나쁜 피해자의 태도는 입을 닫고 아무 일도 없었던 척하는 것입니다. 피해 자체를 인정하는 것이 너무 힘들기에 아무 일 없던 것처럼 살면 아무렇지 않아질 줄 알았다고 말하는 피해자도 있습니다. 그러나 피해자 여러분 경험적으로 자신의 마음을 무시하면 대가를 치르게 됩니다. 어떤 상황이나 사람에게 상처받은 마음은 전문가의 손길과 도움, 주변 사람들의 사랑과 이해가 필요합니다. 그러나 가장 중요한 것은 그 마음의 주인 스스로의 보살핌입니다. 자기 마음을 세심하게 살펴보고 스스로에게 위로와 사랑의 말을 건네야 합니다. 피해상황을 직시하고 대면해야 합니다.

준강간 사건 피해자가 사건 발생 후 1년이 지나 연락을 해왔습니다. "변호사님 이제는 더 이상 버틸 수가 없어요", "심리 상담을 시작하겠어요"고 말했습니다. 이 피해자는 어머니에게도 친구에게도 피해사실을 말하지 않았고 혼자서 수사과정과 재판 과정을 견뎌왔습니다.

피해자의 가족들은 어떠한가요? 특히 아동 청소년인 자녀나 20대 젊은 대학생인 자녀가 성폭력 피해를 입었을 때 그 부모의 분노와 스트레스를 상상 이상입니다. 자식일이라 누구에게 쉽게 말도 못 하고, 아마 가해자를 직접 어떻게 해버리고 싶은 마음이 간절할 것입니다.

일단 우리는 계속 살아야 하고 이것은 중요한 문제입니다. 이런 나쁜 놈들 때문에 나의 일상이 깨지고 나의 진로가 깨지는 것은 정말 피하고 싶습니다. 어느 정도의 스트레스, 분노와 우울은 억울하지만 당연할 수도 있지만 너무 장기간 이 속에 갇혀 있으면 안 됩니다.

피해자분들에게 "인형을 하나를 사서 가해자의 이름을 쓰고 이 사건 생각이 날 때마다 바늘도 꾸욱꾹~~ 아주 깊게 꾸욱, 찌르세요"라고 말합니다. 반은 웃자고 하는 말이지만 반은 또한 진심입니다. 어떤 식으로든 피해자 스스로에게 위로가 되는, 그리고 스트레스를 줄이는 행동을 하시기 바랍니다. 입을 꾹 다물고 혼자 참는 것은 성폭력 피해의 적절한 대응책이 아닙니다.

특히 사건 초기 이 스트레스를 잘 다루셔야 합니다. 무시하거나 방치하시면 안 됩니다. 파도처럼 기억과 고통이 밀려왔다, 밀려갑니다. 처음에는 강도가 강하다가 이후 점차 강도가 약해지고, 기억의 선명함이 줄어듭니다. 사건 초기에 대응을 적절하게 하시면 회복은 빨라집니다.

피해자의 눈에서는 눈물이 나오고, 그 입에서는 어느 정도의 한탄과 가해자에 대한 비난과 욕이 나오고, 가끔 큰소리도 나와야 합니다. 피해자의 마음속에 있는 응어리가 소리든 눈물이든 어떤 방식으로든 표출되어 흘러나가야 합니다. 노래를 부르거나, 큰소리를 치거나, 벽에 물건을 던지거나, 정말 인형 눈에 바늘이라도 꽂는 일이라도 해야 합니다.

피해자를 지지해 줄 좋은 친구나 가족이 있는 것도 좋고 같이 가해자를 욕하는 것도 좋습니다. 많은 사람이 필요하지는 않고 단 한 사람이면 충분합니다.

범죄 피해자라는 것은 현재 상당한 스트레스를 받고 있다는 뜻입니다. 피해자 스스로 자기를 보호해야 합니다. 세상의 시선으로부터 보호하시고, 피해자가 자기 자신을 찌르지는 말아야 합니다.

간혹 지인들이 피해자를 공격하는 경우도 있습니다. 피해자를 아끼다보니 그 상황이 답답하고 화가 나는 것은 이해할 수 있으나, 그 공격을 화살을 피해자에게 돌리는 것은 성급하고 부적절하고 지혜롭지도 못합니다. 피해자로서는 당분간 이런 사람은 피하는 것도 좋습니다. 굳이 스트레스를 더하지 마세요.

저는 성폭력 사건을 많이 다루어본 변호사일 뿐 심리 전문가는 아니지만 사건이 지나고 수개월 지나 편하게 웃는 피해자들을 볼 때 너무 감사함을 느낍니다. 많은 피해자들이 잘 회복하고 있습니다. 그리고 이것이 다른 범죄피해자들에게 소중한 희망이 됩니다.

6. 심리상담도 필요해요

요즘 심리상담에 대한 관심과 기대가 높아지고 있습니다. 몇 년 전에 비하여 피해자분들도, 피해자의 가족분들도 심리상담을 받는 것에 적극적입니다. 전문가는 전문가입니다. 성폭력 피해자의 심리상담 지원 비용은 국가가 부담합니다. 피해자의 가족도 혜택을 받을 수 있습니다. 이 기회에 자신의 정신건강은 점검하는 것도 좋겠습니다.

7. 자책은 이제 그만

살면서 어느 중요한 순간 내가 실수를 저질렀다면 가슴 아프고, 뼈 아픕니다. 그때로 돌아가 모든 것을 돌려놓고 싶어집니다.

범죄의 순간도 그렇습니다. 가해자에게도, 피해자에게도 그 상황, 그 장소, 그 시간을 피할 방법이 있다면 그렇게 하고 싶을 것입니다.

'아, 그때 술자리에서 일어났었으면', '친구가 가자고 했을 때 같이 나갔으면', '그 전화를 안 받았으면', '그 밤에 나가지 않았으면', '그 사람이 건넨 커피를 마시지 않았으면' 하는 수많은 생각을 하게 될 것입니다.

이미 벌어진 일이지만 아쉬워하고 안타까워하는 것은 너무나 당연한 일입니다.

그러나 거기까지만 합시다. 인간은 자신의 노력으로 범죄피해를 완벽히 막을 수 없습니다.

준강간 사건을 개입하다 보면 "내가 술에 취해 정신을 잃은 것이 잘못이다, 다 내 잘못이다"라고 심하게 자책하는 피해자를 보게 됩니다. 자신의 주량보다 더 술을 마시는 경우, 안주 없이 벌컥벌컥 술을 마시는 경우, 스트레스 받았다고 그냥 술을 마시는 경우, 처음 만나는 사람들이 준 술을 그냥 받아 마시는 경우 등등 술과 관련된 사건에서 자책도 많습니다.

지나친 음주는 해롭습니다. 당연하지요. 필름이 자주 끊어지고 음주 습관이 나쁘다면 당연히 고쳐 나가야겠지요. 그러나 여기까지입니다.

사건은 이미 발생했고 되돌릴 수 없습니다. 피해자의 상태를 이용해 범죄를 저지른 가해자가 우선은 나쁜 것입니다. 사건이 발생하고 한 달, 두 달, 석 달, 만날 때마다 내가 그날 왜 그랬을까요를 반복해서야 되겠습니까? 괜찮습니다. 절절한 수준의 반성 정도로 마무리하시고 더 자신을 괴롭히거나 후벼 파지는 마세요.

종교가 있는 분들이 "내가 죄인이다", "우리 가족들이 알면 뭐라고 하겠나", "나 자신을 용서할 수 없다"라고 말하는 경우도 많습니다. 그러나 이제 그만하십시오.

범죄피해자인 내가 나 자신을 계속 비난한다면 이것은 너무 가혹한 일입니다. 자신을 좀 더 너그럽게 대해주세요. 범죄 피해 그 자체도 힘들지 않습니까?

8. 살아남아 처벌받게 하라!

성폭력 사건 피해자가 극단적인 선택을 한 경우는 뭐라 말을 할지 모르겠습니다. 너무 안타깝습니다. '누구를 처벌해주세요' 유서를 쓰고 극단적인 선택을 하시는 분들이 있습니다. 그러나 피해자분들께 말하고 싶습니다. 살아남아 가해자가 처벌되는 것은 끝까지 보시라고 말입니다.

피해자가 살아 있지 않다면 누가 피해사실을 진술하겠습니까? 피해자를 대신해 정확히 피해를 진술한 사람은 세상에 존재하지 않습니다. 대체 불가입니다. 이런 상황에서 가해자가 범행을 부인한다면 누가 싸우겠습니까? 피해자가 직접 싸워야 하지 않겠습니까?

성폭력 사건은 신고해도 좋고 신고를 안 해도 좋습니다. 피해자의 선택일 뿐입니다. 차라리 가해자의 목을 조르고 욕하는 것이 낫습니다. 스스로를 해하지 말아주세요. 부디 용기를 내주시기 바랍니다.

한 명의 성폭력 피해자가 잘 살아남아 가해자를 처벌하고 피해자의 신분을 벗어나 일상을 회복하고 건강하게 살아가는 것, 이것은 이 사건의 뒤를 이어 발생하는 수많은 사건 피해자들에게 큰 희망이 됩니다. 범죄피해자로서 나 하나 잘 건사하고 사는 것은 굉장히 위대한 일이고 중한 일입니다.

9. SNS는 잠시 안녕

온라인상에서 성폭력 피해를 당하는 경우 피해자에게 잠시 온라인 활동을 접을 것을 권유합니다. 인터넷을 통해 사진 촬영 유포 등이 문제 되는 사건이나 성적인 말이나 협박이 SNS를 통해 이루어지는 경우입니다.

범죄사실이 문제된 글 아래 들러붙는 수많은 댓글과 반응까지 살피다 보면 피해자의 정신이 어찌 온전할 수가 있겠습니까? 많은 피해자들이 계정을 닫고 당분간 활동을 하지 않습니다.

그러나 일부의 피해자들은 그럼에도 불구하고 계속 유튜브 중계를 하거나 다른 온라인 활동을 하는 경우도 있습니다.

준강간 피해자가 SNS 활동을 계속 하는 것을 근거로 피해자의 외상후스트레스 장애는 거짓이라고 주장하던 가해자의 변호사도 있었습니다. 피해자는 나름 일상을 계속 유지하기 위해 안간힘 쓰면서 노력한 건데 이상한 쪽으로 공격을 당하더군요. 요즘은 피해자는 이래야 하지 않냐는 기준으로 피해자의 목을 조르는 법원과 수사기관은 없습니다.

XIX

---·---

피해자와 피해자 변호사의 관계

XIX

피해자와 피해자 변호사의 관계

1. 피변에게 (피해자 국선변호사에게)

피해자들에게 국선변호사의 처우문제를 말하는 피변들이 있다고 합니다. "내가 이 건을 얼마 받는데 이런 일까지 해 드려야 하나요"라고 말을 한다고 합니다.

국선변호사에게 이런 말을 들었다고 성토하는 피해자들의 말을 들었을 때 민망합니다. 성폭력 피해자의 국선변호사의 보수나 처우에는 문제가 있습니다. 그러나 그것은 국선변호사가 각 검찰청과 법무부와 상대해서 제도를 개선해 나갈 일이지, 피해자를 상대로 하소연할 일은 아닙니다. 이미 자기 사건으로 스트레스 만땅인 피해자에게 피변까지 부담을 더할 수는 없지 않겠습니까?

성폭력 사건은 피해자뿐만 아니라 담당 경찰관, 검찰, 판사 그리고 사건에 관여하는 변호사에게도 스트레스와 정신적인 외상을 남깁니다. 국선변호사로서는 사건수를 조정하든지, 일정 기간 사건을 받지 않는 쉼을 기간을 가지던지 하는 적극적 보호조치가 필요합니다. 한 검사님은 성폭력 전담부로 발령을 받자 1년만 성폭력 수사를 안 하게 해달라고 상관에게 요청했다고도 합니다.

한 국선변호사가 그만두면 다른 국선변호사가 그 자리를 채우기 때문에 크게 문제 될 것이 없을 수도 있습니다. 담당 경찰, 검사, 판사가 정기적으로 바뀌기도 하니깐요. 모든 범죄가 다 끔직하겠지만, 수년간 지속적인 성폭력 사건에 노출되는 국선변호사 일을 하는 것도 쉬운 것은 아닙니다.

피해자의 변호사도 자신을 스스로 잘 지켜나가면서 요령껏 지혜롭게, 균형있게. 일을 해야 합니다.

2. 피해자분들에게

피해자의 국선변호사는 피해자를 돕는 사람이지 액받이 무녀가 아닙니다.

피해자는 범죄 피해 이후에 이어지는 경찰 조사나 재판 과정에 짜증이 날 수밖에 없겠지만, 피해자의 분노는 가해자를 향한 것이어야 합니다. 피해자가 자신을 돕는 사람을 상대로 짜증내고 화내는 것은 적절하지 않습니다. 냉정하게 말하면 손해입니다. 이렇게 되면 국선변호사도 너무 힘듭니다.

기본적인 예의의 문제는 어떠한 상황에도 발생합니다.

새벽에 문자를 하시거나 카카오톡을 하시면 안 됩니다.

피해자 변호사의 핸드폰 번호를 오픈하는 것은 변호사와 피해자가 상호 어느 정도 선을 지킨다는 전제로 이루어진 것입니다. 국선변호사를 조롱하고 폄하는 피해자들도 간혹 존재합니다. "너 항고하면 30만 원 받는다고 일 이런 식으로 하냐", "니가 연락이 안돼서 새벽에 연락 한건데, 내가 뭐 잘못했냐" 이런 식입니다. 이런 의사소통은 피해자나 변호사 모두에게 도움이 되지 않고, 이쯤 되면 국선변호사는 사임을 하는 것이 맞습니다.

내가 범죄피해를 입고 이런 것까지 신경 써야 하나? 피해자에게 너무 가혹하지 않냐고 생각하실 수도 있습니다. 그러나 피해자의 범죄피해가 피해자의 모든 행동을 정당화하지는 않습니다.

조사시간, 약속시간을 지키지 못하면 미리 말해주십시오. 늦으면 늦는다고, 못 오면 못 온다고 그리고 미안하다고 말해주십시오. 경찰서에서 대기하고 있는데 조사시간이 지나고 피해자가 나타나지 않으면 수사관도 변호사도 당황스럽습니다.

수사가 지연되고 재판이 길어지는 것은 피해자 변호사의 탓이 아닙니다. 피해자는 피해자 변호사에게 항의 서면을 내달라고 할 수는 있지만 "변호사 너 때문이야"라는 말을 하는 것은 안 됩니다. 사실 피해자의 변호사는 수사 진행과 재판 과정을 지연시킬 아무런 힘이 없습니다.

수사도 재판도 모두 사람이 하는 일입니다. 피해자의 피해사실을 입증하기 위해 많은 사람들이 노력하고 피해자의 변호사도 그러합니다. 피해자와 피해자의 변호사가 연합해서 사건이 잘 처리되도록 소통하고 연합하는 것이 맞습니다. 자기편에 상처 주지 맙시다.

3. 변호사가 내 편 같지 않을 때

저는 변호사를 일종의 통역관이라고 생각합니다. 피해자가 겪은 사실을 법률용어와 재판과 수사에서 통용되는 용어로 바꾸어 전달하는 사람이라고 생각합니다. 변호사로서 피해자의 귀에 듣기 좋든지 안 좋든 전달해야 할 사실이 있을 때도 있습니다. 의사가 수술의 위험성에 대해 말한다고 환자를 살리지 않겠다는 뜻은 아니지 않겠습니까?

사람이 억울한 일을 당해도 증거가 받쳐주지 않으면 재판에서 유죄 판결이, 검찰에서 기소결정이, 경찰에서 송치결정이 나오지 않을 가능성도 있습니다. 객관적으로 증거가 부족한 경우 이것은 피해자에게 말할 수밖에 없습니다.

같은 내용이라도 변호사가 좀 더 친절하고 위로를 담아 피해자에게 전달해야 하는데 이런 것이 부족할 수도 있고 그래서 좀 더 소통하는 것이 필요합니다. 조금 시간을 들여 말하다 보면 변호사도 피해자도 오해가 있다는 것을 발견할 때도 많이 있습니다.

그러나 피해자와 변호사가 너무 안 맞는다 싶으면 드잡이 하고 소리를 높일 필요는 없습니다. 국선변호사의 선청 취소와 변경도 얼마든지 가능하고 이런 일로 피해자가 불이익 받지는 않습니다.

국선변호사가 가해자 쪽과 합의를 진행할 때 변호사에게 서운함을 느끼는 피해자도 있습니다. 가해자는 피해자의 변호사에게 자신의 구구절절한 사연을 전달합니다. 노모를 모시고 있고 부인은 암투병 중이고 아이는 틱장애라서 합의금으로 마련할 수 있는 돈이 많지

슬기로운 피해자생활

않다, 피해자에게 이 사실을 꼭 전해달라고 합니다(그러나 이런 것을 전달하는 것이 가해자에게 결코 유리하지 않다고 말하고 싶습니다).

피해자에게 일부 가해자의 사정을 전달하기라도 하면 피해자는 "니가 내 변호사냐 가해자 변호사냐"라는 말을 하기도 하고 서운해합니다. 돈 있는 가해자의 경우 아무래도 합의금액이 높을 수 있지만 노숙자, 기초생활수급자인 사람이 사건의 가해자일 경우 합의금 받기는 힘듭니다.

예상되는 형량에 듣고 피해자는 서운해하는 경우도 있습니다. "아니, 어떻게 형이 그거밖에 안 나와요", "정말이에요? 잘못 아신 거 아니에요? 기사에 보니까 △△사건은 가해자가 징역 ○○을 받았다는데요", "가해자는 유명한 변호사 5명이 있고 우리는 국선변호사라 제가 불리한 거 아니에요" 등등 이야기를 듣습니다.

"형량이 ××년 나왔다는 그 사건은 우리 사건과 다릅니다", "적어도 대한민국 인 서울에서 피고인 쪽에 전관의 유명 로펌 변호사가 붙었다고 결과가 달라지지 않습니다"라고 답할 때도 있습니다.

대뜸 "아니 어떻게 사건 번호를 기억 못 해요"라고 하시는 분들도 있습니다. 음…. 사건 번호, 기억 못합니다. 사무실에서 사건기록을 찾아보아야 기억하고 또 잊어버리게 될 겁니다. 저는 변호사로서 사건이 100여 건이 넘은 때도 있고, 피해자는 자기 사건 하나라는 차이점도 있지만, 저는 특히 숫자 외기에 취약한 변호사이고 사선 사건도 사건번호 기억 못 합니다. 오해하지 말아 주세요. 사건 처리에는 전혀 지장이 없습니다.

물론 변호사로서 부족함은 늘 있습니다. 소통이 부족하고 시간이 부족하고 마음이 부족하고 정성이 부족할 때도 있습니다. 죄송합니다. 다시 마음을 잡고 제대로 하겠다고 결단해봅니다.

4. 피해자가 국선변호사 선정 취소를 요구하는 경우

피해자도 언제나 국선변호사의 선정 취소와 변경을 요구할 수 있고 피해자가 국선변호사에 대해서 너무 인내할 필요 없다고 생각합니다. 소통이 안 되거나, 연락이 안 되는 경우, 맘이 잘 안 맞는 경우 조금 가볍고 편한 마음을 선정 취소하셔도 됩니다.

제 사건 중에 하나는 검찰의 불기소 처분이 나오고 선정 취소를 원하는 피해자도 있었습니다. 피해자는 "변호사님이 문제가 있다는 것이 아니라 이의제기는 다른 변사님과 해보고 싶어요"라고 말했습니다. 이것도 좋습니다. 사건의 분위기를 바꾸고 전환시킬 계기가 될 수도 있으니까요.

국선변호사도 더 이상 사건 진행이 어렵다고 판단되면 사임하겠다고 의사를 밝힐 수도 있습니다. 국선 사건뿐만 아니라 변호사 일이 그러합니다.

5. 국선변호사가 사임하는 경우

국선변호사도 사임하면서 선정 취소를 요구하기도 합니다. 너무 자주 하면 검찰청에서 요주의 변호사로 찍힐 수도 있겠습니다만.

국선변호사가 사임하는 대부분의 이유는 단언컨대 피해자가 예의를 지키지 않을 때입니다.

성폭력 사건의 피해자분들은 범죄피해자이기 때문에 예민하거나 불안감과 공격성을 가지고 국선변호사를 대하기도 합니다. 그러나 국선변호사는 가해자가 아니고 당신을 도와주려는 사람이라는 사실을 받아들이시고 기본적인 예의를 지켜주셨으면 합니다.

밤 11시가 넘은 시간에 전화를 하시거나 새벽 6시에 문자나 카톡은 정말 곤란합니다. 주말도 그렇습니다. 처음에는 "이렇게 하지 말아주세요"라고 요청드리는데 돌아오는 대답이 "내가 뭘 잘못했냐"는 식이면 정말 사건을 계속 맡기 어렵습니다. 국선 사건이기 때문이 아니라 사선 사건도 마찬가지입니다.

피해자 국선변호사 일을 하는 다른 변호사님들, 후배 변호사들에게도 피해자분들에 대해서도 너무 많이 참지는 말라고 말합니다. 적정한 타이밍에 사임하라고 말하기도 합니다. 피해자가 너무 거친 방식으로 이의제기를 지속하고, 점점 그 강도가 세지고 마치 변호사가 아닌 가해자 대하듯 하는 경우도 발생합니다. 너무 힘든 피해자를 계속 대하다 보면 변호사가 아예 성폭력 피해자 변호사일을 그만두기도 하는데 저는 개인적으로 이런 상황이 안타깝습니다. 이 변호사가 그동안 쌓아온 실력이 아깝습니다.

6. 국선변호사가 할 수 있는 일, 할 수 없는 일, 할 수 있지만 사실은 하기 어려운 일

피해자의 국선변호사는 피해자를 돕고 법률조력을 합니다. 피해자 조사에 동행하고, 피해자를 위해 의견서를 제출하고, 피해자에게 법률상담을 해줍니다. 당연히 할 일입니다.

그러나 수사과정 중 피해자의 국선변호사가 사건기록을 볼 수는 없습니다. 피해자는 국선변호사가 사건에 대한 정보가 많다고 생각하지만 오히려 국선변호사가 아는 것이 없고, 아는 것이 없으니 피해자에게 줄 정보가 많지 않습니다. 피해자분들은 답답함을 느끼시는 것 같습니다.

재판에서는 사건 기록에 대한 열람 복사 신청을 할 수 있으나, 이는 재판부의 허가사항입니다. 재판부가 허가한 기록만 입수할 수 있습니다. 기본적인 공소장의 확보도 피해자 변호사가 할 수 있습니다.

어느 피해자는 자신이 경찰 조사 때 말했던 것을 확인하고 싶어했고 국선변호사에게 피해자 신문조서를 복사해달라고 했습니다. 국선변호사는 "난 못한다, 피해자가 직접 복사하라"고 말했습니다. 왜 이런 일이 발생할까요?

수사기록이나 형사재판 기록을 복사하는 것은 굉장히 까다롭습니다. 개인정보보호가 강화되면서 적은 양의 기록을 복사할 때도 기록 안에 피해자와 가해자의 개인정보내용을 모두 일일이 지우거나 칼질을 해서 삭제해야 하고 복사를 해야 합니다. 변호사가 직접 가서 복사하기에도 시간이 많이 걸리고 변호사의 직원이 가서 복사하기에도 시간이 많이 걸립니다. 게다가 직원을 사용하려면 돈이 들지요.

피해자 국선변호사의 보수에는 복사비 종이값 정도가 지원되고, 인건비 지원은 안 됩니다. 변호사든 변호사의 직원이든, 검찰이든 경찰이든 법원이든 몇 시간씩 걸려 기록을 복사하기는 어렵습니다. 한마디로 수지타산이 안 맞는다고 해야 할까요? 그래서 국선변호사는 피해자에게 직접 복사하시라고 말을 하게 됩니다. 최저 시급이 올라가면서 직원을 고용하기 어려운 상황의 변호사들도 많고, 특히 국선변호사가 직원까지 고용하면서 사건을 처리하긴 정말 쉽지 않습니다.

피해자 자신과 관련된 기록의 열람 복사는 당연히 피해자의 권리입니다. 이것을 국선변호사가 보조한다면 사건 파악이나 피해자 보호에 도움이 될 것이지만 물리적으로 현실적으로 피해자 국선변호사가 기록을 복사하기는 어렵습니다. 특히 변호사의 사무실 근처로 아닌 다른 지역까지 가서 기록 복사를 하는 것은 불가능에 가깝습니다. 피해자 입장에서는 이런 도움도 못 주냐고 불만을 말하실 수도 있지만 죄송합니다.

피해자를 돕는 국선변호사도 돈을 받고 일합니다. 적은 돈일지언정. 국선변호사의 호의와 희생으로 제도가 운용되어서는 안되겠지요. 그래서 법적으로는 가능하나 물리적으로 어려운 일이 있습니다. 변호사가 싹수가 없어서 기록복사를 거부하는 것이 아닙니다.

정수경

제49회 사법시험 합격(2007)
사법연수원 입소(39기, 2008)
서울중앙지방법원 판사시보(2009. 1.-2.)
김앤장변호사시보(2009. 3.-5.)
수원지방검찰청 검사시보(2009. 5.-6.)
한국감정원 전문기관 실무수습(2009. 7.)
종합법률사무소 세동(2010. 3. ~ 2012. 1.)
정수경법률사무소 대표변호사(2012. 3. ~ 2020. 8. 6.)
법무법인 지혜로 변호사(2020. 8. 7. ~ 현재)
한국가정법률상담소 백인변호사 활동(2012.-)
한국가정법률상담소 중구지부, 성남지부, 구리. 남양주지부 자문위원(2012.-)
한국성폭력위기센타 성폭력피해자 무료법률구조사업 전문변호사(2012. 7. 5.)
서울시 여성보호센터 자문위원(2012. 6. 12.-) 상임위원(2018.-)
한국양성평등교육진흥원 성폭력예방교육전문강사 위촉(2013. 9. 13.)
은평가족폭력상담소 자문의원
YWCA연합회 이사(2013 ~ 2017)
'서울시법률.의료전문지원'단원(2013. 5. 16 ~ 2015. 5. 15)
한국여성변호사회 총무이사(2014 ~ 2015)
법무부장관 표창(2014. 6. 2.)
서울천호초등학교 학교폭력대책자치위원회 위원(2015. 4. 1.)
10대여성인권센터 법률지원단(2016. 2. 24.)
서울특별시 강동구 아동복지심의위원(2017. 2. 20. ~ 2019. 2. 19.)
서울중앙지방검찰청 성폭력피해자국선변호사(2012.-)
서울동부지방검찰청 성폭력, 아동학대 피해자국선변호사(2016 ~ 2019)
서울시동남권아동보호전문기관 시설운영위원(2017. 3. 6.-)
학교법인 한국그리스도의교회학원 임시이사 (2018. 6. 25. ~ 2020. 6. 24.)
총신대학교 학교법인 이사(2021.3. ~ 현재)
한국여성변호사회 피해자국선변호사특별위원회 위원장(2022.2. ~ 현재)
한국여성변호사회 대외협력상임이사(2022 ~ 현재)

슬기로운 피해자생활

초판발행	2022년 12월 15일
지은이	정수경
펴낸이	안종만·안상준
편 집	양수정
기획/마케팅	정연환
표지디자인	이영경
제 작	고철민·조영환
펴낸곳	(주) **박영사**
	서울특별시 금천구 가산디지털2로 53, 210호(가산동, 한라시그마밸리)
	등록 1959. 3. 11. 제300-1959-1호(倫)
전 화	02)733-6771
f a x	02)736-4818
e-mail	pys@pybook.co.kr
homepage	www.pybook.co.kr
ISBN	979-11-303-4286-3 93360

정 가	17,000원